「また会いたい」と思われる女性になる魔法のルール

好きな人との
距離をさりげなく
縮める秘密テク

広中裕介
Yusuke Hironaka

廣済堂出版

はじめに

この本は、「自分史上最高の恋愛をしたい」と願っているあなたのために書きました。

「気になる彼と距離を縮めたい」「好きな人ともっと親密な関係になりたい」という人はもちろん、「まだ今のところ素敵な出会いのチャンスがない」という人にも知ってほしいことは、ただひとつだけ。

自分史上最高の恋愛をはじめる前に必要なのは、「自分とコミュニケーションをとること」です。

筆者自身、無理してガマンしての恋愛を過去繰り返していました。

恋愛がうまくいかないそんな時、共通していたのは、

「自分で自分を幸せにすることを忘れている時」

「自分の幸せの感覚を無視している時」

だったのです。

あなたにも思い当たることがありますか？

「彼に愛されるためにすべきことは？」

「彼を振り向かせるのに必要なテクニックって？」

といった**〝相手が主役の恋愛〟ではなく、あなたがいつでもハッピーな気持ちでいられるような〝自分が主役の恋愛〟をすることが大事**です。

愛されたい、好かれたい……ではなく対等な関係で恋愛をすること。

そのためには、まず自分とのコミュニケーションをとり、自分を知って自分と仲直りしていくことが最優先になります。

自分とコミュニケーションをとること、仲直りとは、自分としっかり向き合って、いいところも、そうでないところもすべて丸ごと受け止めていくということです。

あんな私もこんな私もあれでよかったんだとしていくことです。

そうなると、毎日がとても楽になります。自然と肩の力が抜けて、表情やしぐさも穏やかになれば、あなたから発するオーラは美しく輝きはじめます。何よりも、自分のことをもっと好きになることができるでしょう。

基準は彼に愛されるか？　どうかではなく「私らしいかどうか？」です。

自分のことを知って、認めていくと、自分に自信が持てるようになるので、恋愛でも相手に振り回されることがなくなります。

男性とおしゃべりをするのが苦手な人や、なかなか上手に自分をアピールできない人でも、自分のペースで恋愛を進められるので焦りや不安からも解放されるでしょう。自分らしくしているだけで、彼のほうから「また会いたい」と求められるようにもなるからです。

そんなふうに、**あなたが主導権を握る、思いどおりの恋愛ができるようになる**のです。

いいですか？　覚えておいてください。恋愛は愛してくれる人を探すものではなく、自分と仲直りしていく過程で出会い、はじまっていくものです。

では、具体的にどういうことをすれば「自分とコミュニケーションをとること」ができるのか？――その考え方や行動のメソッドをたくさん詰め込んだのが本書です。自分への向き合い方から、相手への話し方や振舞い方まで、男性の視点も踏まえつつ丁寧にお伝えしていきます。

この本を読むことで、あなたの自分史上最高の恋愛を叶えるお手伝いができたら、僕にとってもこんなにうれしいことはありません！

準備はいいですか？
まずはあなたが自分自身の声を聞くこと、幸せにしてあげることです。
あなたの恋愛幸せストーリー。今からスタートです！

「また会いたい」と
思われる女性になる魔法のルール

Contents

Part 1

「また会いたい」と思われる女性の鉄板ルール

Part 2 好きな彼との距離を〝さりげなく〟縮めるテクニック

Part 3

大好きな人と世界一幸せな恋愛をする方法

Part 4 こんなに簡単! 終わらない恋のはじめ方

Part 5 彼に必ず「伝わる」可愛い本音の伝え方

Part 1

「また会いたい」と思われる女性の鉄板ルール

男性の言う「見た目が大事」の本当の意味

「人は見た目が大事」という言葉がありますが、男性が女性についてその言葉を言う時の〝本当の意味〟を知っている人は意外と少ないのではないでしょうか。

男性が考える「見た目」とは、その女性が美人かどうかではありません。

じつは、**男性が最も気にしている女性の見た目とは「雰囲気」のこと**です。

どんな男性でも、「美人っぽい雰囲気」や「可愛いっぽい雰囲気」をまとっている女性を見ると、「なんか、いいな」と感じるもの。理屈ではなく、感覚として、その女性の持っている雰囲気に惹《ひ》かれてしまうのです。

肝心なのは、魅力的な雰囲気をどうやって身につけるか、ということ。これは難しいことではありません。なぜなら、今のあなたが心地いいと感じることを見つけていくだけで、魅力的な雰囲気は自然につくられていくからです。

「楽しくもない人間関係を無理して続けていないかな?」「食べたくもないものを安いからで選んでないかな?」「いつも彼に合わせているけど本当は私どうしたいのかな?」

こんなふうに、今より少しだけ自分の本音と向き合ってみてください。

そうやって**自分が今、心地がいいと感じることに耳を澄ませ、行動に移せるようになると、素直でひたむきな姿勢が「可愛らしさ」として自分の内側からにじみ出るようになります。**それこそが、あなたにしかない雰囲気をつくりだすのです。

実際、自分に似合うファッションをしている人や、自分が心地がいいと感じることをしている人はいつでも機嫌よく振舞っているもの。そういうご機嫌な女性に、無条件で引き寄せられる男性は圧倒的に多いのです。

男性は、その女性の持つ
「雰囲気」に惹かれる

なりたい自分になれる「自撮り」レッスン

自分の本音にしたがって行動すると、魅力的な雰囲気が自然と内側からあふれてくるようになる——というお話をしました。でも、そもそも「自分の本音」は、意外と気づきにくいものです。とくに、ルーティンになっている行動に流される毎日を送っていると、本当に自分がしたいことや望んでいることを見失ってしまうのです。

たとえば、朝食に何を食べるかで迷った時、「面倒だから、これでいいや」ではなく、今日いちばん気持ちよくスタートを切ることができそうなメニューを決める。

そして、その後、クローゼットから一着を選ぶ時も、「このあたりが無難かな」ではなく、「今日はこの服を着たいな」と思ってスタイリングをする——。

そんな習慣を送りたいあなたは、今ここで**「なりたい自分」をきちんとイメージしておくことが大切**です。

誰でも簡単に「なりたい自分」を見つけられる方法があります。

スマホを活用した**「自撮り」**です。

自撮りのいちばんのメリットは、自分が他人からどんなふうに見えているのかがハッキリわかることです。まずは、とにかくいろいろなシチュエーションやコーディネートで自撮りをします。

そして撮り貯めた画像をもとに、「これ、いいな」と思う画像だけをチェックしてください。「真顔より笑っている時の目元が好き」「ゆるふわなファッションより、ジーンズのほうが私らしいかも」「仕事の時は前髪をあげてオデコを出したほうがカッコいいんじゃない？」などと、自分を客観的に見るレッスンをしましょう。

「こういう私っていいな」と感じた時の正直なコメントは、あなたの自分に対する本音。それを集めていくことで、どんどんあなたが好きな「なりたい自分」に近づいていきます。


今のあなたの雰囲気をありのままに映す「自撮り画像」を活用しよう！

愛される女性は「興味」を使って会話をはじめる

よく「聞き上手」の女性は男性ウケがいい、ということを聞きます。

でも、じつは「聞き上手」より、もっと男性から「また会いたいな」と思われる女性たちがいます。彼女たちに共通しているのは**「語らせ上手」**だという点。男性に気持ちよくおしゃべりしてもらう雰囲気づくりをするのが得意だということなのです。

男性は自分のことを語るのが大好きな生き物。どんなに寡黙《かもく》そうな男性でも「自分のことを語りはじめたらとまらない」というタイプも多いと思います。

ただ、コミュニケーションが得意な女性とは違って、男性は相手のことを察するのが苦手。おしゃべりにおいても、男性は「自分のことを語るのは好きだけれど、相手の話を聞きつつ気持ちを察して、タイミングよく相づちをうつのは得意じゃない」というパターンがほとんどです。

そんな時に求められるのが「語らせ上手」な女性なのです。「語らせ上手」な女性は、相手の話を聞いているだけでなく、「自分のことを語りたくて仕方ない」という男性に、きちんと話をさせてあげることができます。**自分のことを気持ちよく語らせてもらえる女性に「また会いたいな」と思うのは当然**ですよね。

では、「語らせ上手」な女性たちは、どんなふうにアプローチしているのでしょうか。

それは、**「『興味』を使いこなす」というとてもシンプルな方法**です。

「なぜ今の仕事を選んだんですか?」「好きな食べ物は何?」「今ハマっていることってある?」というような、「?」を使った簡単な質問をします。聞かれた相手は、待ってましたとばかりに自分のことを楽しそうに語りはじめるはず。こうなれば、あなたはもう相手の男性にとって、「居心地のいい女性」にランクアップしているのです。

「?」を使った簡単な質問には、「私はあなたのことを知りたいです」という興味を示す効果もあります。さっそく、試してみませんか?

男性は、自分に興味を持ってくれた相手に好意を持つ

男性をイラッとさせる会話中のNGパターン

「?」を使う時の鉄板ルールは、「相手のことを知りたい時にだけ使う」です。ところが、使ってはいけない「?」もあります。

よくやってしまいがちなのが、**相手にお願いごとをする時に「?」を使ってしまうケース**です。

たとえば、「引越しのお手伝い、お願いできる?」「週末、一緒にご飯を食べに行けそう?」といった、お願いごとに「?」をつけた聞き方をする女性がいます。

おそらく女性は、「ストレートに言うよりもソフトな印象でお願いできるから」などと、気を遣ったつもりなのでしょうが、男性にとっては逆効果。「本当はできないんじゃないの?」と自分の実力を疑われた気がして勘違いしていくのです。

悪気はなく言ったつもりの女性の言葉は、じつは男性にはこんなふうに聞こえています。

女性「引越しのお手伝い、お願いできる?」
→男性「引越しの手伝いもできないくらい軟弱なオトコだと思っているの?」
女性「週末、一緒にご飯を食べに行かれそう?」
→男性「一緒に食事に行く時間もつくれないほど、テンパッていると思っているの?」

そんな馬鹿な? と思ったかもしれませんが、男性は女性からはいつでも認めてもらいたいと思っています。だからこそ、「できないんじゃないの?」と疑いのまなざしを向けられるとイラッとするし、不機嫌になってしまうのです。

気になる男性にお願いごとをする時は「?」はつけず、ストレートに言ってみてください。「引越しのお手伝いをしてほしいな」「週末、ご飯を食べにつれてって」のほうが、男性には100%可愛く響いて聞こえます。

> 「?」の使い方を間違えると、男性は違う意味で捉えるので要注意!

察してもらうのが好きな女、言い当てられるのが嫌いな男

男性との会話の「?」の使い方や受け取り方には、男性と女性とで大きな差があることに気がついてもらえましたか? では、もうひとつ、知っておくと男ゴコロがわかるようになる「?」の効用をお伝えしますね。

「最近、元気がないようだけど、大丈夫?」

「仕事が大変なのかな。なんだか無理してない?」

「いつもと雰囲気が違うけれど、何かあった?」

こんなふうに「?」を使った言葉を言われた場合、女性は「私のこと、気にしてくれてうれしいな」とプラスに受け止めるケースが多いのではないでしょうか。女性は、自分のことをしっかり見てくれている相手に愛情を感じる傾向があります。

ところが、同じ言葉をかけられても、男性はあまりうれしいとは感じないのが不思

議なところ。男性は、**自分のリアルな状況や心の動きを相手に言い当てられるのが苦手**だからです。

「元気がない自分」も、「仕事が大変な自分」も、「何かあった自分」も、それが事実だとすればなおさら相手に見透かされたくない、というのが本音。

とくに、うまくいっていない時の自分の姿を見られたくないし、同情されたくもないのです。男性はいつだって、好きな女性の前ではカッコいい自分でいたいのです。

「弱音を吐きたくない」というプライドを持っている男性は、「大丈夫？」「無理してない？」「何かあった？」などと「？」で聞かれても、素直に答えることができないので、女性のように「察してくれてうれしい」とは思えないのです。

そんな、ちょっと面倒くさい男性に対しての処方箋は、**「放置しておく」が正解**です。調子がよくなさそうな時は、あえて黙って見守ってあげるほうが、男性にとってはありがたく思えるのです。

男性が自分から話しはじめるまでは、見て見ぬフリで大丈夫！

「もっとアピールしなきゃ」のプレッシャーから逃れるコツ

「男性と話すのが得意じゃない……」という女性に話を聞いてみると、その理由として「自分をアピールするのが苦手」ということがあります。

でも、そもそも「私のアピールが足りなかったせいで、うまくいかなかったんだ……」というのは間違いで、むしろ逆なんですね。

そんな女性に伝えたいのは、**「アピールはしなくても大丈夫」**ということです。

なぜなら、一生懸命にアピールしても、男性は「頑張ってアピールしているから」「アピールが上手だから」という理由であなたを好きになることはまずないからです。

あなたの魅力は無理にアピールをしなくても、結ばれるべき相手には自然に伝わってしまうもの。アピールのレベルに関係なく、運命の相手とは自然に出会って、勝手に恋に落ちてしまうようにできている、と僕自身の体験からも確信しています。

もしも、「この人、気になるな」と思う男性が現れた場合、あなたがするべきことは、たったふたつのことだけ。

ひとつは、「この人の前で無理や我慢していないかな？」と少し考えてみてください。そして、**無理や我慢している自分に気づくことができたら、それでＯＫ。**

そこから自分は彼の前でどんな自分でいたいのかな？　私はどうしたいのかな？　と自分に問うていくこと。そう、自分と会話していくのです。アピール「する」のではなく自分の本心を自分で探っていくのです。

もうひとつは、あなたではなく相手にアピールをさせるようにします。

その方法は、前述のとおり、「?」で相手に興味を示すというシンプルなもの。**あなたから頑張ってアピールをしなくても、簡単な質問をするだけで「あなたに興味があります」という気持ちは確実に伝わります。**後は、相手に自分のことを思い切り語らせてあげましょう。男性に興味を示す。それが最強のアピールです。

無理してアピールしなくても、
あなたは「あなた」でしょう？

「好きなことを見抜かれること」を恐れなくても大丈夫

自分が好きなことを見抜かれるのが、恥ずかしかったり怖くなったりすることがあります。

「いいかも♡」って思うけれど、付き合ってもいない段階で相手にそれが伝わるのは恥ずかしい気がする……。

私は好きだけど、うまくいかなかったらどうしよう、そんなふうに思うのは当然のことです。

彼が大好きなほど、その恋愛が大切であればあるほど、どうしても慎重になってしまうもの。とくに、自分が「好きかも」と思いはじめた気持ちを、まだふたりの関係がどうなるかわからない状況で相手に知られるのは恥ずかしいと悩むこともあります。

そこで少し考え方を変えてみましょう。**「あなたが隠せてる」と思っていることは、相手にはもうバレバレなんだ！」**ということです。

たとえば、こんなことって、ありませんか？

職場にヅラのおじさんがいるとします。本人はヅラをかぶっていることを必死になって隠そうとしているつもりでも、周りの人たちはみんなわかっている、というコントみたいな状況。全員が内心で「バレバレですから……」と思っているような。

恋愛もこの場合と同じで、どんなに隠そうと振舞っても、相手には好意が伝わっているものだと考えてみてください。

相手にあなたの好意がバレているのが事実なら、もう無理に自分の気持ちを隠そうとしなくてもいいし、そのほうが自分らしくいられると思いませんか？ 人は「隠すものがないと」自然に振舞えるようになるからです。

あなたが隠そうとしなければ、相手も必要以上にあなたに対して構えることがなくなり、ふたりの間におかしな緊張感も生まれず、居心地のいい和やかな雰囲気に包まれるはずです。

「好き」は隠すのではなく
認めて肯定していく

悩んだ時は、自分自身が「GO!」のサインを出している

「私のほうから彼にLINEをしてもいいですか?」

恋愛相談を受けていると、こんなふうに「～いいですか?」「～どう思いますか?」といった調子でアドバイスを求められることがよくあります。

こんな時の僕の答えは、内容がどんなことであれ「イエス」のみ。

つまり、「～いいですか?」も「～どう思いますか?」も、答えはいつだって「いいんじゃない♩」です。

その理由は**誰かの許可がほしい人は自分自身の答えをちゃんと持っている**からです。

たとえば、「私のほうから彼にLINEをしてもいいですか?」と悩んでいる時は、「本当は彼にLINEをしたいのだけれど、迷惑かもしれないと思うと、どうしていいかわからない」とかの〝迷い〟がありますよね。

僕はそんな時、「本当は彼にLINEをしたい」という「あなたが本当にしたいことは何なのか？」を大切にしたいと思うのです。

なぜなら、人はどんな結果であれ自分のしたいことをしないと後悔ばかりが残ったり、誰かや何かのせいにして悩み続けるから……。

そして、**自分がしたいと思っていることをするのは自分で自分を幸せにしてあげること。**それが何より大事なことで、さらにそれがうまくいったら幸せ感は倍増します。もし失敗しても、そこに後悔はないはず。結果には満足できないかもしれないけれど、自分の気持ちを大切にしたことや、自分を幸せにしようと頑張った事実には変わりはないからです。それは本人にとってものすごい自信になりますよね。

誰かに相談する時は、その人のなかではもう答えが決まっています。迷ったり悩んだりした時は、自分自身が「GO！」のサインを出している時。勇気を出して、自分の本音にしたがって行動してみるのが、自分自身を幸せにするおすすめの方法です。

悩んでいる時は、自分の本音を行動に移すチャンス！
大丈夫！　大丈夫！　大丈夫！　それやろう！

言葉で伝えられない時でも、あなたは相手とつながっている

「自分の気持ちを話すのが苦手」「自分の気持ちが彼に伝わっているか不安」――そんなふうに思ったことはありませんか？　でも、大丈夫。**あなたがどれだけ話すことに苦手意識を持っていたとしても、相手と確実につながる方法**があります。

「見つめる」という方法です。目は、言葉よりストレートに心のなかで思っていることを伝えるもの。相手のことを見つめるだけでポジティブな気持ちが伝わるなら、武器にしない手はないでしょう？

ただし、慣れていないと「見つめる」って意外と難しく、とくに好きな人の前では、一瞬目が合うだけでドキドキしてしまって目をそらしてしまうのではないでしょうか。

そういう人たちのために、僕のセミナーのなかでもやっている「見つめるワーク」というレッスンをご紹介しましょう。

このワークでは、ふたり一組になって3分間、見つめ合ってもらいます。照れてし

まいそうになるところをこらえ、真顔で相手の顔をじっと見つめるようにします。

実際、やってもらうと実感できますが、見つめ合っている間は、不思議と相手とつながっている感覚を感じることができます。

それだけではありません。**相手の目をじっと見ているうちに、あなたも気づいていない、自分の心のなかで感じていることがわかってくるようになるのです。**

とくに「あなたと仲良くなりたいな」「私はあなたのことをもっと知りたいと思っているよ」というような自分の本音は、研ぎ澄まされて見えてくるようになります。

相手と見つめ合うということは「自分と見つめ合う」と同じことなのです。

にらめっこしてみよう（笑）など、なんでもいいので意識的に見つめ合う機会をつくることをおすすめします。これは恋愛初期や結婚してからも大事で、相手がどんなことを考えているか、どんなふうにあなたのことを思っているかもわかるようになります。ぜひ覚えておいてください。

> 見つめ合うだけで、
> ふたりの関係はハッピーな方向に変わる

リアクションの度合いは「する」のではなく「してしまう」でいい

誰かに何かをしてあげた時に「ありがとう」と言われると、無条件にうれしくなるもの。男性の場合、ほかにも、言われてうれしい言葉があります。

それは**「すごい♪」「カッコいい♪」「さすが♪」**です。この言葉で伝えると、相手の男性への感謝と喜びの気持ちはより強く伝わります。

理想は「すごい♪」「カッコいい♪」で男性を頼っておきつつ、そのうち男性が進んであなたのために行動をしてくれるようになったタイミングで「さすが♪」を使います。すると、「オレ、〝デキるヤツ〟って思われているじゃん」と、気分が盛り上がります。そして、「こんなふうに思ってくれる彼女のために、もうちょっと頑張っちゃおうかな」と、実力以上に振舞おうと、女性に献身的になろうとしはじめるのです。

この3つの言葉は、〝オーバー気味〟が男性にとって照れもあり（笑）うれしいもあり（笑）で、めちゃくちゃよいのですが、言い慣れていない場合や、少しハードルが高く感じられるなら、無理にオーバーアクションでなくても構いません。

おすすめしたいのが**「すごい」「カッコいい」「さすが」といった低めのテンションでもよいのでさらっとつぶやくという方法**です。この3つの言葉は、たとえどんなテンションで発語しても男性にはちゃんと響いて聞こえます。

仮に、テンションが低すぎて「全然、そう思ってないでしょ（笑）？」と男性からツッコまれても大丈夫。というか、男性からツッコミを入れさせることができたら、それは最高のチャンスだと思ってOK。心のなかでガッツポーズをしてください。

というのも、**男性がツッコミを入れてくる時は、必ずと言っていいほど「この子、可愛いな」と感じていることが多いから**です。興味を持っているから、ついかまいたくなる心理が働くのです。

男性の大好物の「すごい♪」「カッコいい♪」「さすが♪」はどこにいても、どんなふうに言っても聞こえている！

会話を盛り上げようと頑張らなくていい

「ふたりきりになると、なぜかうまく話せなくなってしまう」といった相談を受けることがあります。相手が無口な男性の場合、「気がつけば、ずっと自分ばっかりしゃべっていた」「いつも私のほうから話しかけないと会話が続かない」など、会話することに対してグッタリ疲れてしまっている女性もいるようです。

そういう悩みを抱えている女性たちは、いわゆる「頑張り屋さんタイプ」が多いような気がします。子どもの頃から「自分のことは自分で頑張ろう」と言われてきたことを今までしっかり守ってずっと頑張ってきたような、自立した素敵な大人の女性の印象を受けるのです。男性との会話でも、「もっと盛り上げないと!」「もっとうまく話さないと!」と頑張りすぎてしまっているのではないでしょうか。

でも、もうひとりで頑張ろうとしなくても大丈夫。こと恋愛においては、「自分でなんとかしよう」と気負わなくてもいいし、プレッシャーを抱え込む必要もありません。

とにかく、まずは**「ひとりで頑張ろう！」と気合いを入れて構えてしまうクセに気づくこと。**そのうえで、「今まで十分、私は頑張ってきたよ。だからもうそんなに頑張らなくてもいいんじゃない？」と自分に〝甘える許可〟を出してあげてみてください。

ふたりの会話でも、流れにまかせていくだけでOK。相手が話しだすまで待っていてもいいし、あなたのほうから話すことで楽しい気持ちになるようならどんどんおしゃべりしましょう。**ふたりが無理せず、自分のペースで話せることが、お互いにとって居心地のいいコミュニケーションになる**のです。

もしも沈黙の時間が怖く感じられたとしても、不安になる必要はありません。男性が沈黙しているのは、「この子といると、話さなくても落ち着くな」と安心している時だからです。

会話が続かなくても、
居心地のよさを感じられればOK！

多くの男性が「苦手だな」と思う女性のタイプとは？

「好きな女性のタイプ」は、人によってまったく違います。でも、多くの男性が「ちょっと苦手だな……」と感じる女性のタイプには、意外と共通点があります。

その代表格が**「わかりにくい女性」**です。「本当はどんなふうにしてほしいの？」「本当は、どんなことを考えているの？」などと本音が見えにくい女性は、男性にとってどう扱っていいかわからない存在。どうしたら女性に喜んでもらえるか正解がわからないために、男性は困りはててしまうのです。

女性のなかには「私のことを真剣に好きなら、何も言わなくてもわかってくれるはず」と信じている人もいます。

でも、**多くの男性は「見えるもの」しか見えていません。**見えないものまで見ようとする機能がないので、「もしかして、こう思っているのかな？」と相手を察することが不得意です。それがどんなに好きな女性であっても同じこと。具体的に「こうしてほしい」「こんなふうに考えているよ」などと、言葉にして伝えてもらわないとピンとこないのです。

「わかりにくいタイプ」の女性に対し、はじめは攻略しようと頑張っている男性も、しまいには「面倒くさいな……」とめげてしまうことも少なくありません。そう考えると、そんな女性は、恋愛面では損をしている部分もあるのかもしれませんね。

その反対に、**「わかりやすいタイプ」は男性から愛されやすいでしょう。**おいしいものを食べた時は、素直に「おいしい♪」と言える、プレゼントをもらった時には「うれしい♪」「ありがとう♪」をさらっと口にできる……そういうわかりやすさは、男性からの好感度が高いでしょう。子どものような素直なリアクションには「この人、こんなに可愛かったっけ？」とドキッとさせられます。男性は「自分が」喜ばせられる女性を、幸せにしたいと思う女性を最終的に選びます。

「わかりにくい」のは言ってないから、表現しないから、自分と対話して、まず自分を知ろう！

気がつけば、彼があなたのことばかり考えるようになる魔法のフレーズ

この章の最後に、気になる人ができた時、彼があなたのことばかりを考えるようになるフレーズを紹介しましょう。

まずは、ふたりで会話をしているシーンをイメージしてください。はじめは当たりさわりのないおしゃべりをしていますが、少しずつ「この人、いいかも」と**あなたの心が揺れだしたら、「好きな人、いるの？」などと〝これ聞いちゃマズイっしょ？〟なことを思い切って聞いてみてください。**

その結果、何かを答えてもらえるかもしれないし、何も答えてもらえないかもしれません。「え、なんで？」と、逆にあなたの質問に対する理由を聞かれるかもしれませんが、その時には「ううん、なんとなく」「ちょっと聞いてみただけ」などと、ほほ笑んでスルーしてもらって構いません。

この時に大事なのは、相手のリアクションではないということです。あなたが勇気

を出して放った**「好きな人、いるの？」を、相手の心に響かせたことがとても重要**なのです。

好きな人がいるかどうかをたずねられた男性は、その瞬間から「なんでかな？」「どうしてだろう？」と頭のなかでグルグルとあなたの質問の意図を考えはじめてとまらなくなります。そう、男性には「あなたのことを考えさせること」がめちゃくちゃ大事です。これまではそれほどあなたの存在を気にしていなかった相手でさえ、ドキドキして意識しはじめるようになるでしょう。

あなたの存在を相手の男性に気にさせることができたら大成功です。男性は、「また会って、話の続きをしたいな」と思うものだからです。

人は自分の頭のなかに出てくる人が好きですし、どんどん気になっていきます。

ぜひ、さりげなく直球の質問を投げてみてください。理由はなくて構いません。きっと、ふたりの関係が変わるターニングポイントになるでしょう。

好きな人がいるかどうかをたずねるだけで、
彼はあなたを意識しはじめる

Part 2

好きな彼との距離を〝さりげなく〟縮めるテクニック

「興味」の次の会話の鉄板ネタは、〝今、ハマっていること〟

男性が恋に落ちる時の法則のひとつに、**「自分が今好きなことを話せる相手のことを好きになる」**というものがあります。男性は、というか人は「自分が今、好きなこと」を話せる相手には、とても親近感が湧くものなのです。

「最近ハマっていることってなんですか？」という質問をきっかけに、相手がプライベートで今、夢中になっている趣味のことなどを話しやすい雰囲気をつくりましょう。そうやって会話を続けていくうちに、彼だけでなくあなたも一緒に楽しく話せるような話題があればしめたもの。ふたりの距離は自然と縮まっていきます。

たとえこれといった趣味がない場合でも、「実家で飼っている犬が、最近やけに可愛くて」→「私も犬好きです。写真、見せて～♪」というように、相手が楽しそうに話している最近の出来事について、どんどん掘り下げていけばＯＫ。

大事なのは自分も含め「今！　今！　今！」です。

そこで出てくる話題が、相手が楽しいだけでなくあなた自身も楽しめる話題であること、なんですが、仮に、相手の趣味が車やバイクといった、多くの女性にとってハードルが高めのジャンルの場合でも、無理して相手に合わせて「私も好きです」などとリアクションしなくても大丈夫。自分に嘘をついてまで、相手を楽しませる必要はありません。

ちなみに、**あなたが楽しいと思っていることを話した時に、否定したりしてくるような相手とは「縁がなかった」と思っていい**んじゃないかなぁと思います。

あなたが楽しいと思うことをきちんと伝えたのに、それを受け入れないような相手とはお付き合いしても楽しめなさそうですよね？　自分らしくいられる相手に出会うために必要なステップだったと思って、笑顔で次にコマを進めましょう。

今のあなたが自分らしくしていれば、
〝ずっと自分らしくいられる相手〟に必ずめぐりあえる

好きになってもらうための
アピールはしなくていい理由

アピールは「する」ものではなく、男性に「してもらうもの」。これが恋愛におけるアピールの鉄則です。

なぜ、女性は自分からアピールしなくてもいいのでしょうか。その理由があります。

前のほうのページでも書きましたが、**自分のいいところは、意識しなくても自然とにじみ出てしまっているものだから**です。

あなたがどんなに自分の魅力を隠そうとしても、周りの人にはあなたの素敵なところはしっかり伝わっています。

たとえば、仲良しの女友達のことを考えてみてください。その友達に対して「私って、ここがすごいのよ」「私の魅力はねー」などと、とくにアピールすることはなくても、その友達はあなたのいいところをちゃんとわかってくれていると思いませんか？

それと同じことがあなた自身にも起きているのです。

また、**男性はその女性の秀でている部分をアピールされても、それで「好き」という感情が生まれるわけではないから、**です。

たとえば、女性から「学生の頃、ミスキャンに選ばれた」「仕事がうまくいってチームリーダーになった」とアピールされたとしても、「すごいな」「優秀なんだな」とは思っても、「だから好きになった」は、ほぼありません。アピールされても、そのアピールが恋愛には直結しないのです。

もっと言えば、「あなたのことを大切に思っている」というニュアンスのアピールも、男性にはあまり通じないことが多いでしょう。

女性の場合なら、彼のことを「こんなにステキなのね……。ますますこの人のことを好きになってしまいそう」と感情が動くことはあるかもしれません。ところが、男性の場合は「その女性がすごいかどうか」は恋愛にほとんど関係ないのです。

あなたがスゴいのは、ちゃんと伝わっている。
男性に認めてもらうの、もうやめよう

自分の「ダメな部分」を認めると、愛されはじめる

「いいところはアピールしなくてもOK。それなら、ダメなところはどうしたらいいの？」と疑問に思った時に「してほしいこと」と「してほしくないこと」があります。

まずは、「してほしくないこと」。それは、**「私ってこういうところがダメ」と思うところを隠そうとしたり、無理に直そうとしたりしない、**ということです。

ダメな部分を無理に隠そうとすると、愛されなくなってきます。

「愛される」とはなんだと思いますか？

それは彼の「〝愛してる〟を奪わないこと」です。

たとえば、「片付けがものすごく苦手」だったとして、それを隠し続けて愛されると思いますか？　あなたがダメだと思ってる自分の部分は「愛されるポイント」です。

あなたの「ダメ」は彼の「愛してるが入り込む隙間」なのです。

自分のダメなところを認めていないと、彼のダメなところが許せなくなってきます。人はダメなところがあるから嫌いになるのではなく、自分のダメなところを認めてくれないから嫌いになります。

それなら、どうしたらいいのか。今度は「してほしいこと」です。それは、**自分のダメな部分を自分自身でちゃんと認めてあげる、**ということです。

そのうえで、彼氏にもさらっと伝えてみましょう。たとえば、「どこかに埋もれた家の鍵の発掘作業をしてたら、あやうく会社に遅刻するところだった（笑）」や「マジで片付けられないから手伝ってほしい」など軽めのニュアンスで、ダメな部分をさらっとお知らせしましょう。

あなたのダメな部分を知った男性は「自分の出番だな」と思って張り切りはじめるはず。「部屋の片付けなら得意だよ」や「今度、部屋を片付けるの手伝ってあげようか？」というようなオファーもくるでしょう。

ダメな部分は隠さず、認めてあげる、
愛されるってダメな自分をさらけ出すこと

「もっと何かをしたい」と思われる女性がやっていること

「好きな子のヒーローになりたいから頑張る！」という男性のヒーロー願望を満たすことができるようになると、女性にとって恋愛はもっと楽しいものになります。

ヒーロー願望とは簡単に言うと「あなたに笑顔になってほしい」です。彼が「してくれていること」にあなたが笑顔になるだけで、ますます強いヒーローになろうと張り切るようになるのです。

では、どうやって男性のヒーロー願望を満たしてあげればいいのでしょう。

たとえば、あなたの苦手なことが、パソコンだったとします。そんな時は、「私のパソコン、最近調子が悪いのだけれど、一度見てもらいたいな♪」と甘えてみましょう。

もし、彼がパソコンのことを得意としているならきっと引き受けてくれるだろうし、「ごめん、パソコン関係は苦手なんだ」と言われた場合でも「そっか。私も苦手なんだよねー。どうしたらいいと思う？」などと別のアドバイスを求めることもできます。「ネットで業者を探してみたら？」「知り合いにパソコン系に強いヤツがいるよ」というように、なんらかのリアクションが返ってくるはず。そこであなたが「たしかに、その手があったか！」「助かる〜♪」などと感謝の気持ちを伝えれば、彼はあなたの役に立つことができたことでヒーロー願望が満たされるようになるのです。

要するに「思っていた返し」ではなくても、何かを考えてくれた、思ってくれたことに笑顔になってみること。

「イヤな顔をされたらどうしよう」「断られたらどうしよう」といった男性に対しての不安があって、なかなか言い出せない人でも大丈夫。「お酒はそれほど強くないのだけれど、バーのカウンターでカクテルを飲んでみたいの♪」といった小さいお願いだったら、男性は断りにくいはず。ヒーローになるのも簡単です。

そうやって、**自分に自信をつけさせてくれた女性を手放す男性はいない**でしょう。

愛されたければ
今、相手がしてくれていることに感謝してみること「それだけ」

尽くすではなく〝抑えきれない興味を示す〟と愛されやすくなる

「尽くす」と聞いてあなたはどんなことを想像しますか？　男性に気に入られようと相手に合わせた行動をすること？　自分が無理してまで相手のために何かをすること？

おそらく「尽くす」には、そういったイメージがあるのではないかと思います。

「私が尽くせば、彼から愛してもらえるのでは？」という考えが頭をよぎった時に思い出してほしいのが、**「あなたがどれだけ尽くしても、相手の男性はあなたに尽くすことはない」**ということです。

ちょっと厳しい言い方に聞こえてしまいましたか？　でも、あなたが尽くされたいと思っても、男性には尽くさなくても大丈夫。男性に尽くすのではなく、その分、自分自身にいっぱい尽くしてあげましょう。自分に尽くす方法については、次の項で詳しくお話しします。

とにかく男性は「尽くしてもらう」より好きなものがあります。

それが女性からの「興味」です。**男性は女性から興味を持たれたいだけ**なんです。

尽くしてくれた相手より、多くの興味を持ってくれた女性に愛情を感じるようにできています。その仕組みを知っておくだけで、男性から愛されやすい体質になるはずです。

女性は「どれだけあなたに尽くせるか」をアピールするより、男性に「どれだけあなたを知りたいと思っているか」を教えてあげたほうが、男性は〝ときめき〟ます。

男性は頼ってくれる女性やわがままな女性が好きですが、それは自分に「興味を向けてくれていること」が大前提にあります。自分のことを知りたいとも思っていない女性に尽くすことはありません。あなたが本当に興味があることが「自分らしい姿」です。尽くさなくていいから、好きな相手を「知りましょう」。


自分の好奇心にしたがおう。

すると、男性の愛情は簡単にもらえるようになる

「自分に尽くせる女性」は、思いどおりの恋愛ができる

男性にではなく、自分に尽くす。それが愛される女性になるための秘訣《ひけつ》です。

では、「自分に尽くす」とは、どんなことをすればいいのでしょうか。**自分に尽くすということは、"自分らしい"ということです。もっと言うと自分で自分を幸せにするということ。**そのために、まずは自分のことを自分で知ることからはじめましょう。

自分のことを自分で知るために、次の質問に答えてください。

Q あなたが「うれしい」と感じるのはどんなこと、どんな時ですか？

「目覚ましをかけずに眠れる金曜の夜」「気になる人が出席する飲み会に参加する時」「左右の眉がバランスよく描けた時」など、あなたが「うれしいな♪」と感じるのは？

Q あなたが「楽しい」と感じるのはどんなこと、どんな時ですか？

「ドラッグストアでのお買い物」「旅行先ではじめてのアクティビティに挑戦する時」

「習いごとの発表会当日」など、あなたが「楽しいな♪」と感じるのは？

Q あなたが「好きなこと」はなんですか？

「お風呂あがりにビールを飲むこと」「お休みの日に録画していたドラマをまとめて観ること」「飼っている猫と遊ぶこと」など、あなたが「好き♪」と感じるのは？

Q あなたが「幸せ」と感じるのは、どんなこと、どんな時ですか？

「家族そろってご飯を食べている時」「クリスマスを好きな人と一緒にすごせること」など、あなたが「幸せだな♪」と感じるのは？

あらためて質問されて、パッと答えることが意外と難しく感じられるなら、あなたはしばらく自分に尽くすことを忘れてしまっていた可能性があります。男性に尽くすことに慣れ、「自分の気持ち」より「彼の気持ち」を優先させていたのかもしれません。だとしたら、**これからは彼のことより自分のことを大事にしてみませんか？** 先ほどの質問で答えたことを片っ端から実行していってください。

あなたは、本当は何がうれしいんだろう？
それがわからなくなってないですか？

彼に愛されたい時に、絶対やってはいけないこと

「彼と会いたいのに、なかなか会えない」
「週末だけじゃなくて、もっと平日も会いたい」
――彼のことが大好きになると、そんなふうに思うもの。大好きな人とはできるだけ一緒にいたいし、大好きな人の笑顔をもっと見ていたい。彼との次の約束だって、待ちきれなくなるでしょう。

でも、そういう時にこそ気をつけたいのが、**自分で自分のことを苦しめるようなことはやめる、**ということです。

たとえば、LINE。彼からは「また時間をつくって連絡するよ」と言われているにもかかわらず、彼からの連絡を待ちきれずに「次はいつ会える?」「早く会いたいな」などとたたみかけるようなメッセージを送ってしまうこと。

「どうして会えないの？」と責めるようなＬＩＮＥを送っておきながら、彼からの返信がないと「忙しいのに困らせること言ってごめんね……」と反省したそぶりのメッセージを送り、また彼からの返信を待ち続けること。

ＬＩＮＥを送っている女性のほうも、プラスになることはないですよね？　自分で送ったＬＩＮＥで自分が苦しくなっているだけなのだから。

そもそも、**ＬＩＮＥは、彼と恋愛を進めるためだけのツール。彼を追い込むために使う必要はない**のです。

愛することとは誰かを追い込むことでしたか？　彼を否定することでしたでしょうか？　違いますよね？　そして愛されることとは「ひとり」ではできないことです。

だからこそ「待つ」って大事なんです。愛されるって〝彼の反応ありき〟なんです。自分の願いや思いをＬＩＮＥでもなんでも話したなら、彼の本心が出るまで待つことも大事なことだと覚えておいてくださいね。

「追いかけない」って、愛さないってことじゃなくて相手の逃げ場を奪わないこと！

会えない時こそ「素敵女子」に変わるチャンス

では、彼に会いたいのに会えないモヤモヤした気持ちをどこに向けて待ったらいいのか？　僕がおすすめするのは、やっぱり**「自分に尽くす」**ことです。「自分に尽くす」とは、すでにお話ししたように、自分自身のご機嫌をとることです。

彼と会えないのも、彼からなかなか連絡がこないのも、その理由は今のあなたが自分より彼のことばかりを気にしすぎているから。

それでモヤモヤした気持ちを抱えてしまうなら、**「尽くす」ベクトルを彼から自分のほうに向けてあげればいい**のです。

彼と会えない時は、彼に向けそうになる時間とエネルギー、そしてお金もすべて、自分自身のために使ってみましょう。

エステやネイルサロンに行くのもいいし、本を読んだり映画を観たりして、感受性を磨くのも素敵です。なぜなら、あなたの恋愛がうまくいったら「自分の時間」ってなかなか取れないんですよ。ふたりになったら、恋愛がうまくいったら、自分のことだけ考えられる時間って極端に減るんですよー。

だから恋愛がうまくいってない今だからこそ、時間を使って、エネルギーを使って、お金を使って、自分のことを幸せにしてあげましょう。

好きなものを食べて、好きな靴を履いて、好きな場所にお出かけする。それが、「尽くす」ベクトルを彼から自分のほうに向けてあげるということです。自分で自分を幸せにするという強さを身につける時です。

そうやってあなたが幸せな気持ちでいると、次に彼と会った時、「会えない間、何があったの？」と自分と一緒にいない間のあなたに惚《ほ》れるのです。

恋愛中は、彼の前で何を言ったか？　とか彼に何をしたか？　ではなく、**彼と一緒にいない時にどんな自分ですごしたか？が死ぬほど大事**です。

彼と一緒にいない時にどれだけ自分を幸せにしたか？　であなたの恋愛は決まっていく

男性の心に必ず刺さる「究極のひと言」

いつだって男性は、気になる女性の笑顔が見たいと思っています。女性に喜んでもらえると、「オレってすごいじゃん！」と自分のことが誇らしく思えてくるものです。

そんな男性を必ずといっていいほど虜《とりこ》にさせるキラーワードがあります。

女性からの「気持ちいい」という言葉。「気持ちいい」は感覚の言葉。理性ではなく体や心をフル稼働させて自分のことを認め、求めてもらっている感じがするからかもしれません。

セックスの時の女性からの「気持ちいい」はダイレクトに男性の心に響きますが、それ以外でも「気持ちいい」が表現できるシーンはたくさんあります。

たとえば、ふたりで公園や海など自然が感じられる場所に出かけて「なんか気持ちいいね」というのもアリ。ぐっすり眠れた朝のＬＩＮＥのメッセージに「気持ちよかった」、というように、**いろいろな場面で「気持ちいい」を伝えることは可能です。**

個人的に恋愛がうまくいってない時の筆者自身や、愛されない女子がやっていたことを研究したところ、自分が「気持ちいい関係」「心地いい関係」を無視していたということがわかりました。

自分の気持ちいい、心地いい、好きを伝えるにはまず「自分はどんな関係が心地いいんだろう？」を考えること……というなんとも当たり前なことが抜け落ちていたのです。好きな相手が心地よくいられるには？　自分を好きになってくれるには？　と相手の〝気持ちいい〟ばかりを探していました。

そして、それが間違い。**自分が「気持ちいい相手」「心地いい相手」と恋愛しよう。**

そうしていくうちに恋愛も人間関係も激変していく……そんなことに気づいたのです。

相手の「気持ちいい」を考えていても自分らしい恋愛はできない。あなたの「気持ちいい」を出した瞬間に喜ぶ男性がいることを忘れてはいけません。

あなたの気持ちいい「だけ」が
あなたの幸せな未来を、恋愛をつくっていける

頭で考えた恋愛ではなく「私」で恋する女性になる

いわゆる〝頭でっかち〟な恋愛をしている女性が多いように思います。「男の人はこうだから、女の人もこうすべき」「今どきはこれがスタンダードだから、私もそうすべき」というように。たしかに、頭で考えてから行動すると、恋愛でも失敗と思えることが少なくてすむかもしれません。

でももしも、「もっと運命的な恋をしたい」と思っているなら、頭を使う恋愛は少しの間お休みをして、心と体を使った恋愛をしてみませんか？

心と体を使って行動する〝身体で恋する女性〟は、男性が放っておけないほど魅力的に映るもの。さっそく体（私）で恋する女性になるレッスンをはじめましょう。

レッスン1　男性の体で好きな部分を「書き出す」

あなたが思う、男性の体のなかで好きな部分をノートや紙に書き出してみましょう。

ゴツゴツした手、長く繊細そうな指、柔らかい髪、腕に浮き出た血管、無駄な肉のない背中――頭から足の先までゆっくりとイメージしながら、「いいかも♡」とグッとくる部分をいくつでも書き出してください。

レッスン2　男性の体で好きな部分を「眺める」

次に、**実際に好きな人や気になる人のことを眺めてみましょう。**

ポイントは、あなたが「いいかも♡」と思った体のパーツをひとつずつ、時間をかけて見ること。「そうそう、ここがたまらないんだよね♡」「こういうところが素敵♡」などと、心のなかでつぶやきながら眺めていきます。

レッスン3　男性の体で好きな部分に「触れてみる」

気持ちが十分盛り上がったら、**思い切って軽く触れてみてください。**会話の流れでツッコミを入れるフリをしながら触れてもいいし、たいした意味もなくポンポンと軽く触れるのもアリ。昔から言われているように、男性は好きな女性からのボディタッチはいつでもうれしいものです。

うまくいかなかったトラウマは「体」が覚えている。
だからこそ、運命の相手はあなたの心と体が知っている

「理想のタイプ」は、本当に今の自分の理想？

「あなたの理想のタイプは？」と聞かれたら、どんなふうに答えますか？　優しい人？お金持ちの人？　それとも、芸能人の誰々みたいな人？――きっと、人それぞれいろいろな理想のタイプや条件があると思います。

もちろん、理想のタイプの男性をイメージするのは自由だし、目標があるのはいいことです。でも、理想のタイプが自分のなかでしっかり固まっているために、理想のタイプ以外の男性のことを見向きもしないくらいスルーしてすごしていませんか？

というのも、**頭で考えている理想のタイプの男性と、体で「いいかも♡」と感じる理想のタイプの男性が違うことはよくあるから**です。彼が「好きだな～」などの「感じる」とは頭でできないものです。

あなたにもありませんか？　片思いの時は「自分をいちばんに大切にしてくれる人

♡」と感じていたのに、今は自分のことを大切にしてくれてないと感じているのに、すがるように「好き」だったり……。

その恋愛をうまくいかせることより大事なのは「あなたが感じていること」「体が感じていること」です。自分が本当に「一緒にいると落ち着くな」「なんだか好きな匂いがする」「この人にハグされたら気持ちいいんだろうな」と体のアンテナがビビッと反応してしまった時に幸せな恋愛は起こることだと思うのです。

そうやって頭で考えている理想のタイプとはまったく別のタイプの相手と恋に落ちることも、珍しいことではなくなっていきます。だとしたら、今まで「理想のタイプの人に出会っていないから、恋人ができない」と思っていた人には大きなチャンスだと言えます。つまり、**「理想のタイプ」ではなく「私でいて惹かれる人」に目を向けはじめた瞬間、本当の恋に落ちるのです。**

好きになる人を間違えないためにも、自分の感覚を磨いてみてくださいね。

頭で考えた「私の理想のタイプはこういう人」よりも
〝私らしくいる〟ことを優先しよう！

「普通の男性」が「運命の男性」に変わる言葉の習慣

「気持ちいい」に代表されるような女性からの感覚的な言葉を聞くと、男性はとても喜びます。面白いのは、たとえそれが自分が直接気持ちよくしたせいではないとわかっていても、男性はうれしくなる点です。

たとえば、男性が女性を食事に誘ったとして、「わー、すっごくいい感じだね♪」と女性がうれしそうに言うと、男性のほうは「なんかオレ、いいことしちゃったじゃん！」と、天にも昇る気持ちになるのです。

以前も触れましたが、**男性は女性の本音を察することが苦手**です。食事に誘う時も、実際にお店に行って女性のリアクションを見てからでないと、それが女性にとってOKだったのか、NGだったのかがわかりません。そこで「いい感じだね」と女性に言ってもらって初めて「やった、OKだったんだ！」「彼女のことを喜ばせることができて、うれしい！」と思えるようになるのです。

男性のいいところは、ちゃんと「学習すること」ができるところです。女性が「いい感じ♪」「おいしいね♪」「すごく素敵♪」などと喜んでくれたことは、しっかりと記憶にプログラミングすることができます。「ここのお店のケーキっておいしいよね♪」とあなたが一度でもほめると、あなたの誕生日には毎年同じお店の同じケーキを買ってくれたりするような律義《りちぎ》さも持っています。

だからこそ、**大切なのは、あなたがうれしいことを惜しまず男性に伝えること**です。

そう考えると、はじめからピッタリはまるような運命の男性ではなくても、付き合っていくうちに「私の好みをよくわかってくれる彼」「私の思いどおりにしてくれる彼」に男性は簡単に育ちます。

運命の男性に偶然出会うチャンスを待つのもいいけれど、お付き合いをしながら運命の男性を育てていくのも素敵な恋愛ですよね。

私の「うれしい」が
運命の彼が「うれしいこと」

彼が弱っている気がする時にすべきこと

気になっている男性や付き合っている彼が落ち込んでいる「ような気がする時」、あなたは次のどちらの態度をとりますか？

Ａ　元気になるように励ます　Ｂ　元気になるまで放っておく

もしも、彼との信頼関係を深めたいのであれば、Ｂの選択をおすすめします。Ｐａｒｔ１でも触れましたが、落ち込んでいるような気がする時、悩んでいるように見える時……など彼があなたに相談していない時、そういう状態の男性のことは放っておくのもひとつの愛情の形。**元気になるまで遠くから見守ってあげることで、男性は愛情を感じるものです。**

また、基本的に男性があなたに何も言わずに落ち込んでいる時は、物事がうまくいっていない時。そんな時の自分を男性は嫌いだし、カッコ悪いと思っていることがほとんどです。物事がうまくいかず余裕のない状況にいる自分の姿を、好きな女性には見られたくありません。

女性は、落ち込んでいる時に男性がしてくれると「うれしいな」と思えることがたくさんありますよね。話を聞いて「大変だったね」と共感することもそうだし、食事に行ったりカラオケに行ったりしてモヤモヤを発散するのに付き合うこともそう。

ところが男性の場合は、女性にそういったことをやってほしいとお願いしてない限り、うれしいとは思いません。だから、**もしもその男性のことを心配に思うなら、男性が自分自身で問題を乗り越えるまで、見守ってあげてください。**もちろん聞かれたら答えてあげたらいいです。そして、その間は自分のために時間を使おうというスタンスでいられる女性は、最強だと思います。

彼が落ち込んでいる「気がしても」、見て見ぬフリをしつつ放っておくこと。ただ本当に病気や怪我や深刻な悩みなど「その事実」が判明したら、真っ先に飛んでいく存在でいてくださいね。

本当に今、起きていることに目を向けよう。
それが彼を、自分を信じるということ

「小さなお願い」が大きな「幸せな恋愛」を運んでくる

毎日頑張っている女性のなかには、「ひとりでなんとかする」ことに慣れてしまっている人もいます。「大丈夫！」が口グセのようになっていて少しくらいキツイ状況でもひとりで乗り切ろうと頑張りすぎてしまうと、ときどき心が壊れそうになりますよね。

そういう時におすすめしたいのは、**「小さなお願い」をどんどんしてみる、という方法**です。

「小さなお願い」とは、「本当は自分でやったらできるけれど、でも誰かにやってもらえたらうれしいな」というレベルのことです。

内容はどんなことでもOK。ビジネスシーンなら「会議室の予約をとっておいて♪」「ランチのお弁当、ついでに買ってきて♪」、プライベートなら「タピオカミルクティーが飲みたい♪」「ジュース買って♪」といった感じです。

お願いする時のポイントはふたつ。ひとつは、**小さなお願いをする相手が、とくに好きな人や彼氏ではなくてもOKという点。**もうひとつは、**申し訳なさを乗せるのではなく「♪(るん)」という私がうれしいという気持ちを乗せる、**という点です。

大切なのは「誰かに小さなお願いをできる自分」に慣れるということです。「誰かに甘えたり、頼ったりしてもいい」という〝許可〟を自分自身に出してあげましょう。声を大にして言いたいですが、「難しく考えなくていいです」。

というのも、なんでもひとりで頑張ってしまっている女性は、男性に甘えたり頼ったりするのが苦手でしょう? ですが、「小さなお願い」をして誰かに甘えたり、誰かを頼ったりしていくことに慣れていくと、本命の彼氏ができた時にも自然と甘えたり、頼ったりすることができるようになります。

今、身近な人に「小さなお願い」をするのは、将来彼氏ができた時にうまくいくためのエクササイズ、というくらいの気軽な気持ちでぜひ実践してみてください。

お願いや頼ることを、迷惑なことと思い込んでいませんか?
男性に迷惑をかけてみよう! それでわかることがたくさんある

「甘える」「頼る」を自然にできるようになる秘訣

「男性に甘えたり頼ったりすることが得意ですか？」。そう聞くと、多くの女性は「No」と答えます。それで悩み続けている人もいるでしょう？「今までそういうキャラじゃなかったから、いきなり女っぽく振舞うのが恥ずかしい」という声も聞きます。

でも、ちょっと待ってください。もしかして、「甘える」「頼る」のニュアンスを誤解していませんか？　男性の思う「甘える」「頼る」と、女性が考える「甘える」「頼る」ではズレがあるような気がしてなりません。

たとえば、女性にとって「甘える」「頼る」は、「ルブタンの靴を買ってほしいな〜」「パークハイアットのプールで泳ぎたいな〜」というように、ブリっ子をしながら男性にすり寄るイメージではありませんか？　ところが、男性にとってはこの手のリクエストは単なるお願いやおねだりであって、「甘える」「頼る」ではありません。

男性の思う「甘える」「頼る」とは、男性側が「靴を買ってあげるよ」「プールに行こうか」と提案した時に「ホントに？　超うれしい～♡」「わ～い！　やった～♡」と満面の笑顔で喜んでくれること。大げさなくらいに喜んでくれることで「甘えられているな」「頼られているな」という「うれしい反応」で誇らしい気持ちになるのです。

つまり、**男性にとって、女性から甘えられたり頼られたりしているのを実感するのは、女性から〝いいリアクション〟が返ってきた時**だということ。

この男女のズレに気がついたら、甘えることや頼ることへの抵抗は少し軽くなりませんか？　なぜなら、**「甘える」「頼る」は、男性から届く提案に対し、ちゃんとリアクションを返せばいいだけのこと**になるからです。

クネクネして媚《こ》びることも、自分のキャラとは違うブリっ子を装う必要もありません。ただ単に、「わ～、うれしい♡」「ありがとう！」と心から伝えるだけで十分、男性に甘えたり頼ったりできていることになります。

> 甘えるって「可愛い」ってこと。
> 甘えるってただ「受け取る」ということ

みるみる距離が縮まる「未来の私たちの呼び名は？」

これは以前、僕が恋愛セミナーを主催した時のエピソードです。

セミナーには、これから恋愛したい人だけでなく、すでにパートナーシップを育《はぐく》んでいる仲良しカップルや仲良し夫婦も参加していました。

そんな仲良しカップルや仲良し夫婦と話していて、ふと気がついたのは、「お互いをふたりだけに通じるようなニックネームで呼び合っているんだな」ということでした。

たとえば、筋トレ大好きで、頼りがいがある旦那さんのことを「筋トレ夫」と奥さんが呼んでいたり、ウチの奥さんは出会いたての頃から「ゆーさん」と呼んでいました（初めての呼び名でした）。

大事なのは、この人と仲良くなった時なんて呼ぶかなのです。

仲良しカップルや仲良し夫婦が自然としていたように、**お互いをニックネームで呼**

び合えるよう先取りするとふたりの距離はもっと近づくように思います。自分が呼びたくてつけたものだからこそ愛着が湧き、お互い、より愛情を注ぎやすくなるのでしょう。

好きな女性が愛情や親しみをこめてつけてくれたニックネームで呼ばれて、不愉快に思う男性はいません。「何、その呼び名は？（笑）」などとツッコミが入るかもしれませんが、それは照れている証拠。イヤな気持ちはしていないでしょう。

もしも**まだ恋人という関係にはいたっていない距離感のあるふたりでも、ニックネームで呼ぶようにしてみましょう。**きっと今より親密度が高まります。

もちろんリアルだけでなくLINEなどでも一緒で、ぜひニックネームを入れてメッセージを送ってみましょう。

「○○くん、ご飯食べよ～♪」「△△くん、おはよ。起きてる～？」というように、ちょっとしたメッセージにもニックネームを入れると男性はドキッとするものです。

どうせなら自分が
ドキドキする言葉で彼を呼ぼう

アイコンに自分の写真を使うと、「恋愛力」がアップする

ＳＮＳで恋愛相談を受けていて思うのは、ＬＩＮＥなどのアイコンに自分の顔写真を使っている人って意外と少ないんだな、ということです。多くの男性の共通意見として「アイコンには顔写真をつけたほうが絶対、いい！」と思っているはずです。いろんな意味で「わかりやすい」と思っています。

「アイコンは顔写真にしよう」とアドバイスをすると、反応は真っ二つに分かれます。さっそく実践する派と「やっぱりちょっと恥ずかしい……」と先送りにする派。でも、不思議なことに、アイコンを顔写真に変えた途端、「男性から声がかかるようになった」「男友達から連絡がきた」という女性が多いのも事実です。

アイコンを顔写真にしたほうがいい理由は、**ＬＩＮＥが届くたびにその女性のこと**

を考えるようになることです。女性の細かい部分までなかなか覚えていることができない男性にとって、好きな女性がどんなに可愛かったりタイプだったりしても「あれ？どんな顔、してたっけな？」とボンヤリしてしまうのが男性です!!

その点、ＬＩＮＥがくるたびに顔写真が見られるようになっていれば、「そうそう、こんなに可愛い子と今、つながっているんだったな」とハッキリと自覚できるようになります。それが可愛い写真ともなればなおさらです。

いいですか？ 男性は「すぐ忘れる生き物です（笑）」。

見るたびに思い出すスイッチが入れば、必然的に一日のなかでその女性のことを考える機会は増えるはず。すると、彼の日常生活に自然と自分の居場所ができていくことにもなります。

それでもまだ顔写真をアイコンにすることに抵抗があるなら、自分のなかで「このままでいるか」と「幸せになるか」を天秤《てんびん》にかけてみてください。**素直に「幸せになりたいな」と勇気を出した人から、素敵な恋が舞い込んでくるようにできている**のです。

あなたが自分をさらせば
運命の男性は必ず「あなた」を見つける

私の気持ちを「ひとり言」で言うと愛される

女性はストレートにほめられるのが好きですよね。「可愛いね」「大好きだよ」というように。もちろん、男性だって、そういう言葉を言ってもらうのもうれしいもの。でも男性は、少し違っていてね、ひねくれているのかもしれませんが（笑）、**「この子って可愛いな〜」と感じる女性の言葉があります。じつは、それが〝ひとり言〟なのです。**

男性は、女性のひとり言を「心からの素直な言葉」だと受け取ります。

一緒にいる時のひとり言を「すべて自分に向けられている言葉」と受け取るのです。

たとえば、一緒にアイスクリームを食べていて、誰に言うともなく「ん〜、おいしいな〜♪」とひとり言を言う時。一緒に海に行って、目の前に広がる海に向かって「もう、めちゃくちゃ幸せ〜♪」とひとり言を言う時。

そんなふうに幸せなため息とともに彼女からこぼれ出てくるハッピーなひとり言を聞くと男性はもれなく「うれしい気持ち」になります。

だから**女性は、もっとたくさんポジティブでハッピーなひとり言をつぶやいて、隣にいる男性にさりげなく聞かせてあげることをおすすめします。**

「ちょっとわざとらしくない？」「あざとく聞こえるのでは？」という心配はご無用です。そもそも、ひとり言は小さくつぶやくほど自然に聞こえるもの。「あ〜、楽しいな♪」「ん〜、これ好きかも♪」と普段のトーンで、あなたの素直な感想を楽しそうにつぶやくだけでOK。相手のリアクションは気にしなくていいのです。

ポジティブでハッピーなひとり言は、慣れていないとはじめはなかなかつぶやけないかもしれません。でも、意識的に口に出しているうちに、いつのまにか楽しくつぶやく習慣が身についてくるので安心してくださいね。

男性にとって女性のおいしい、うれしい、楽しいは、
魔法の言葉！

Part 3

大好きな人と世界一幸せな恋愛をする方法

男性と仲良くなる方法
どちらかの慣れている領域にもぐり込む

男性と仲良くなる方法はシンプルで、〝彼の領域〟に行けば「あなたに親近感」が必ず湧きます。要するにお洒落《しゃれ》なカフェにあなたが行きたいとしても、彼が〝慣れていない〟お洒落なカフェであれば仲良くなりにくいということです。

自分のことで考えてもらうといいのですが、自分らしくいられるところが「慣れているところ」ですよね？　それは男女の「仲良くなる」に共通している部分です。そういうところでのほうが恋愛は「始まりやすく」「仲良くなりやすい」のです。部活や、同じコミュニティ、職場で恋愛が生まれやすいのはそのためです。

だから、**相手の男性の気持ちがわからないのならば彼の領域、「彼の慣れているところ」をリクエストしてみてください。**

また、逆に「〇〇ちゃんの行きたいところでいいよ」と言われたのであれば、自分も慣れていないところではなく、あなたが「慣れているところ」を提案してみましょう。ふたりで行きたいところへのデートは仲良くなればいくらでも行けます。まずはどちらかが「慣れているところ」に行きましょう。

男性は特に、慣れていないところでデートするのを先送りにしてしまう危険性が高いです。また、まだ仲良くなってない状態での〝新しい試み〟は両者ともにハードルが高すぎて、恋愛や仲良くなるどころではないのです。

だからこそ、**初めてのデートや仲良くなるきっかけ、行き先はやり取りに応じて、どちらかの慣れている領域にしましょう。**それならあなたも、男性のプレッシャーもなくスムーズにデートの約束を取りつけることができます。〝彼の領域〟ならまかせたらいいいし、〝自分の領域〟なら緊張も少しはやわらぎませんか?

「ふたりきりで会う」ということに対するハードルは、できるだけ低めに設定しておきましょう。

未来は「ふたり」でつくるもの♪
最優先に仲良くなろう!

仲良くなってないのにあなたの理想のデート、「まだ」いらない

「彼氏ができたら理想のデートをしたい！」と思っている女性は僕の周りにも大勢います。

でも、もしも、知り合って間もなかったり、まだお互い好みをハッキリとはわかっていないような状況で「理想のデートに連れて行って♪」というリクエストをするのは急がないことをおすすめします。

理想のデートに限らず、テーマパークや水族館、音楽フェスなどのイベント系といった**「お出かけ系」のデートは、男性からの提案がない限り（男性が慣れていない限り）おまかせで行ったほうがいい**です。

前のページでも書きましたが、男性は「慣れていない」と感じることがとりあえず苦手です。その子とのこれから先のデートにも、ハードルの高さを感じてしまうよう

になります。

恋愛を始めるにあたって好きな相手の気持ちを少しだけ考えてみましょう、お互いのためです。念を押しますが「男性からの提案」があれば問題ありません。じゃないと、本来はふたりが同じように楽しめるはずのデートが、お互いにとって面倒なことに変わってしまうのです。

あなたの「理想のデート」や「理想の扱われ方」があるかと思います。

でも、**まだそこまで仲良しになっていないなら、イベントを一緒に体験するよりもふたりでいっぱいおしゃべりをして、お互いを知ることのほうが大切**だと思います。

あなたが家好きならばあなたの家でも構いません。

それに、何よりも、仲良しになってから一緒に好きな場所へお出かけするほうが、より幸福感が味わえますよね？

本当にふたりの関係が大事ならいったん「自分の理想」は捨てましょう。

運命の相手は理想のデートができるか？　ではないでしょう？
一緒に生きて楽しいか、どうかじゃない？

運命の男性とのデート、結婚へのデートの心得

久しぶりに素敵な男性とふたりで会う、というシチュエーションを想像するとドキドキしますよね？　「運命の男性とのデートって、何を話せばいいの？」「結婚につながるデートって、みんなはどんなことをしているの？」と不安に感じることもあるでしょう。

でも、心配ありません。「デートをする」という言葉の響きが、あなたを緊張させてしまっているだけ。

デートとは「付き合ってから」です。結ばれてからが鬼のように大事です！　お互いの気持ちが合わさった時でいいのです。

だから必要以上に自分をよく見せようとして緊張しなくても大丈夫。あなたのよさは、会っておしゃべりすれば相手にはちゃんと伝わるはずです。

そして、デートをするのは相手の気持ちがわかってからでも遅くありません。

そのうえで、あえて結婚につながるデートの心得をお伝えするならば、**「初めてのデートで付き合うかどうかを決めようとしない」**ということです。

男性は、一緒にすごす時間を重ねていく過程で、あなたの好きなものや好きなこと、好きな場所を知って少しずつ学習していきます。なので、初回で「付き合うかor付き合わないか」のジャッジメントをせず、〝様子見〟の期間を設けてあげてください。

はじめから「久しぶりの恋愛対象となる人だから、ベストを尽くして頑張らないと！」とガツガツした姿勢で臨《のぞ》むより、「なんでも話せる異性の友達ができたら楽しそう♪」くらいのスタンスで会いに行ったほうが肩の力がいい具合に抜けて、自然体でいられるでしょう。

何度も言いますよ、「私らしくいられる人」があなたの運命の男性です！

どんなあなたでもいい！　どうせなら
彼の前で自分らしくいられる勇気を持とう

気が向かないお誘いには乗らなくてOK

「それほど会いたいわけではない男性とでも、誘われたら出かけるべきでしょうか？」「せっかく誘ってくれた人に『気が乗らないから』という理由で断るのは失礼ですか？」と悩んだり迷ったりしている人がいます。

僕の意見は、「無理して行かなくてもいいんじゃない？」というもの。会いたいと思っていないのに、わざわざ時間をつくって無理して会ったり、「断るのは悪いから……」と仕方なく出かけたりすることは、一度やめてみてもいいかもしれません。

なぜなら、**あなたにとって「そんなに会いたくはないかも」と思う人たちは、手放してもいい人間関係だから**です。必要ではない人間関係を抱えたままでいると、本当に大事な人と出会った時に仲良くなれる機会を逃してしまう危険性もあります。

人間関係はいつでもスッキリさせておくのが基本。あなたにとって必要な人は大切にしつつ、残りはきれいサッパリ整理しましょう。

ちなみに僕はこれを「断捨離」ならぬ「人捨離」と呼び、定期的に人間関係を見直すことをしています。携帯電話のアドレス帳も、もうこれからずっと連絡をとることがなさそうな人は連絡先を削除します。そうすると、僕にとって大切な人や必要な人とだけ深くお付き合いできるようになるから、気持ちがとても安らぎます。

お誘いを断るのが苦手という人は、誘ってくれた相手の立場になって考えてみると「Ｎｏ」を伝えやすくなります。

たとえば、あなたが誘った相手が、本当は行きたくないのに無理してあなたとご飯を食べてくれているとしたら、あなたはどう感じますか？　居心地が悪いだけでなく、「それならそうと最初から言ってくれたらいいのに」って思いませんか？

いちばん大切なのは、あなたがいつもハッピーな気持ちでいることです。本当の気持ちに逆らってまで、無理してお付き合いをするのはやめましょう。

> 行動を決めるポイントは、
> あなたが「楽しそう♪」と思えるかどうか

愛される女性は、「次の約束」を彼に決めさせる

気になる男性や好きな人と会って楽しい時間をすごすことができると、気になるのは「次の約束」でしょう。

「次はいつ会える?」「今度はどこに行く?」と次の約束をとりつけたくなるし、「また時間をつくるから」と言われるだけで次のデートが確約できないと「いつまで忙しいの?」「いつなら会えるの?」と問いつめたくなってしまう――こんなふうに一途《いちず》に思いつめてしまうと、やがて自分自身が苦しくなってしまいますよね。

そんな人に知っておいてほしい男性心理があります。

それは、**「男性は女性から追いかけられても、燃えない」**というものです。

初めてのデートの後、せっかく「この子とまた会いたいな」と男性のほうもいい感じに気持ちが盛り上がっているにもかかわらず、女性のほうから「次はいつ会える?」

とグイグイ迫られた場合、「……えっと、そうだね」と引き気味になってしまいます。

男性は、「この子とデートしたいな」と思って自分から誘い、相手の女性からOKをもらえることで「やったぜ、オレ！」と達成感を得るもの。自分で決めて、自分から〝取りに行く〟ことがとても大事なプロセスに思えるのです。

男性にはそういう心理が働くので、彼に「次はいつにする？」「今度の土曜日に会おうよ」などと、女性から話をつめようとしすぎるとテンションが下がってしまいます。

誘ってはイケナイのではなく、初めてのデートの後にやりとりするLINEでも、次の約束を決めるのは焦らなくても大丈夫。

LINEは、ふたりが仲良くなるためのポイントを貯める感覚でやりとりするのがおすすめ。今まで本書で書いているとおり、仲良くなりたい、相手を知りたいというトーンでやりとりをしましょう。

次の約束は、いつでも男性からさせてあげるようにすると、あなたへの愛情はますます深まります。

彼のほうから「次はいつ会える？」と聞かれる女性を目指そう

恋愛で行き詰まった時、向き合う相手は「彼」ではなく「自分」

普通に話をしたり、グループで飲みに行ったりはするから、私のことを嫌いではないとは思うのだけれど、恋愛対象として見てくれているのか自信がない……。

そういう男性っていますよね。ＬＩＮＥを送るとちゃんと返事は返ってくるし、こちらの話も聞いてくれる。でも、もしも告白したら「Ｙｅｓ」と言ってくれるかどうかがわからない、というような人。でも、こういう相手を「いいな」と思うと、答えの出ないことをあれこれ考えはじめ、ドツボにはまってしまうものです。

「もしかして、私のことはなんとも思っていないかもしれない」

「でも、あの時あんなに優しいＬＩＮＥをくれたのは嫌いじゃないってことだよね？」

「でもでも、彼には付き合っている彼女がいないのに、なぜ告白してこないのかな？」

「私からの告白を待ってたりするの？　でも、そんな勇気ないし……」

「あー、でも気になるし、やっぱり彼のこと好きかも」

などと、ひとりでグルグルとループしてため息をつくこともあるでしょう。
そんな時は、次の質問を自分自身に投げかけてみてください。

「彼の本心がわからないから、彼のことが気になっているだけなの？ それとも、『彼に会いたい』って心から思っているくらい、純粋に彼のことを好きなの？」

さて、あなたの本音はどちらですか？

ここで**大事なのは、「彼の本音」ではなく「自分の本音」に耳を傾ける、ということ**です。彼が心で思っていることの答えは、あなたがいくら想像をめぐらせてもわかりません。でも、あなたが心で思っていることは、あなたならわかるはず。
彼の本音がわからないから気になっているだけなら「好き」という感情とは別のものだし、彼のことを本当に好きなら前に進めばいいのです。
彼を軸に考えるとブレてしまいますが、自分の気持ちを軸に考えれば答えは意外とシンプル。行き詰まった時、そこから抜け出す指針にしてください。

いつだって大切なのは、
「彼の気持ち」より「自分の本音」

大人の恋愛は「相談」からはじまる

「気になる人とふたりで会ってみたいな」と思ったら、相手の男性に相談ごとを持ちかけてみましょう。

相談の内容は、なんでもＯＫ。仕事のこと、人間関係のこと、家族や友達のこと、趣味のことなど、どんなことでも構いません。

自然な形でふたりで会うことができたら、大切なのはそこからです。ふたりの距離を縮めるためには、次のフレーズがとても重要になります。

「○○くんは、どう思う？」「△△さんは、どう思いますか？」と、相手の男性の意見を聞く質問をすることです。繰り返しになりますが、男性は自分の話をするのが大好き。自分の考えを聞いてくれる女性に親近感を覚えるものなのです。

相談をするメリットはふたつあります。

ひとつは、自然に男性に甘えられる点です。**わかりやすく男性に甘えることが苦手な女性でも、相談を持ちかけることならアクションを起こしやすいはず。**男性にとっては相談ごとも甘える行動のひとつ。「頼ってもらえた！」とうれしくなるので、以前より親密な関係になりやすいでしょう。

ふたつめは、相談した後も仲良しでいられる点です。**男性は一度でも相談を受けると、その女性のことを「見守っていなければ」と責任感のようなものが生まれます。**相談をした後も「あれからどうなった？」と定期的に話ができるようになります。

「その後の報告」という名目で、ふたたびふたりで会う機会をつくれるのも相談のいいところです。「おかげさまで、ありがとうございました！」でもいいし、「それが、じつはこんなことになって……」と新たな相談ごとを持ちかけるのもＯＫ。ふたりで話せるきっかけをつくることができます。

実際に、相談ごとから恋愛がはじまったカップルはたくさんいます。ぜひ、自分自身で効果をたしかめてみてください。

男性は気になる女性から相談されると俄然《がぜん》、モチベーションが上がる！

現在進行形の恋愛相談は、男性の恋心に火をつける

気になる男性に相談をすると恋愛に発展しやすい、という話の続きです。

僕のセミナーの受講生だったAさんという男性のこんなエピソードがあります。

当時のAさんは、女友達はたくさんいるものの、「自分もそろそろ本気モードの恋愛がしたい」と僕のセミナーに来てくれていました。

ある時、彼氏がいる女友達のひとりから「相談があるのだけれど、ちょっと話を聞いてくれる?」と居酒屋に呼び出されたとか。相談の内容は、「彼氏とうまくいっていなくて……」というものでした。居酒屋では彼氏に対する不満などを聞かされつつも、「じゃあAさんだったら、どう思うの?」「Aさんが私の彼氏なら、どうする?」と男性として意見を求められたと言います。

そこでAさんが彼女のために、「オレの場合は〜」と親身になって自分のアドバイ

スを伝えたりしていたところ、時間がたつうちになんだかいい雰囲気になっていき、お店を出る頃には「だったら、そんな彼氏とは別れてオレと付き合おう。そのほうが幸せになれるよ！」と、ふたりはすっかりお付き合いする約束をしていたのでした。

その後、彼女は彼氏と別れ、本当にAさんとお付き合いすることになりました。ふたりは今でも仲良しカップルとしてお付き合いを続けています。

男性は、女性から現在進行形の恋愛相談をされて「〇〇くんだったら、どう思う？」と意見を求められた時、頭のなかではその子と付き合っているイメージを思い浮かべます。ふたりでデートをしているシーンを想像しているうちに、「この子の彼氏がオレだったら？」とリアルに描く瞬間もあります。

そうやって話しているうちに、「この子が彼女だったらいいかもな」「あれ？よく見ると、こんなに可愛かったんだな」と恋愛対象として意識しはじめるようになるのです。これは、現在進行形に限らず、過去の恋愛話でもＯＫです。

「オレがこの子の彼氏だったら？」と相手にイメージさせるのがポイント

仕事上の知り合いとプライベートで会う時の3つのルール

同じ職場の人や仕事で顔を合わせる人を好きになったことがありますか？

仕事でつながりがある相手との恋愛は慎重になってしまうもの。「アプローチしてもスルーされたりフラれたりした場合、気まずくなってしまう」「周りの人にバレてしまったら、相手に迷惑がかかるかもしれない」といったことがブレーキとなってしまうこともあるでしょう。

でも、せっかく「いいな」と思えた気持ちは、大切に育てたいですよね。

仕事上の知り合いと自然な流れで親しくなる方法として、僕がおすすめしている失敗しないためのルールは次の3つです。

ルール1　味方をつくって協力してもらう

まずは、**社内にあなたの味方をつくること。**そして、その味方に事情を話し、相手の男性にアプローチできるためのベストな環境づくりに協力してもらうようお願いしてみましょう。味方になってもらうのは、同性でも異性でもいいでしょう。

ルール2　「個人戦」より「団体戦」からスタート

ふたりきりのハードルが高すぎる相手の時は、グループで会うのもいいでしょう。まだあまり話をしていない相手とは、複数で会う設定にしておくほうが相手もお誘いに乗っかりやすいからです。

ルール3　お互いのテリトリーから出る

会う約束など大切な決定をする時は、あなたと彼、どちらかの職場ではないほうがいいでしょう。「仕事先の相手」「お店のスタッフとお客さん」「先生と生徒」といった関係のままより、お互いのテリトリーから出た場所で、あらためて「男と女」として出会ってスタートを切りなおしたほうが、恋愛感情が湧きやすいからです。

信頼できる味方に
自分の気持ちを伝えることからはじめよう

「脈ありサイン」があるＬＩＮＥは、こうやって見極める

気になる男性からＬＩＮＥが届くとうれしいですよね。でも、そのＬＩＮＥを見た時に「これはイケそうかも」という〝脈ありサイン〟をキャッチできていますか？

まだお互いを深く知り合う前なら、彼からのメッセージひとつに込められた意味をあれこれ考えてしまい、不安になることもあると思います。

「嫌われたのかな？」「迷惑だったのかも」――そんなふうにネガティブにとらえてしまうのも仕方がありません。

でも、じつは、男性からのＬＩＮＥを見て、〝脈あり〟かどうかを見極めるのは、とても簡単だったりします。

たとえば、ふたりで約束をしている日があったとして、その約束の日の数日前に「ごめん、急な仕事が昼に入っちゃって、どうしても行かれなくなった」という彼からの連絡が入った場合、ポイントは次に送られてくるＬＩＮＥです。

「終わったら連絡するけれど、夜だけでも会える？」「来週だったら何曜日が空いている？」というように、**できるだけ早く代替案のメッセージがあれば、あなたのことをとても気にしている証拠。**男性は、好きな子には嫌われたくないので、なんとかフォローしたいと思うのが当然だからです。

もうひとつの〝見極めポイント〟は、**男性からのメッセージに「ポジティブな感情表現」があるかどうか**です。「昨日はなんか久しぶりに楽しかったです」「〇〇ちゃんの笑顔に癒されました」というように、「楽しかった」「癒された」「笑った」「和《なご》んだ」「スッキリした」「感動した」といったポジティブな感情表現があれば、それは脈ありサインと思って正解です。

男性がＬＩＮＥで感情表現をするのは、相手のことが気になっている場合だけだからです。気になる相手のことは、その後かなりの確率で好きになるはず。あなたのことを「もっと知りたい」と思っている状態です。

男性からの「楽しかった」などの感情表現は「また会いたい」と同じ意味♡

男性からの「No」は、スルーしたほうが得

気になっている人や好きな人から「Ｎｏ」を言われて傷つかない人はいないでしょう。たとえば、「今度の週末に会わない？」とあなたから誘ったのに、たまたま相手に用事があって「週末はちょっと無理かなー」と言われた時。先約があるのは仕方がないし、彼があなたのことを嫌いになったわけではないともわかっています。それでも、「Ｎｏ」には違いなく、断られたほうはそれなりにダメージを受けるものです。

ところで、「無理」「できない」「ごめん」「ちょっとまだわからない」「苦手なんだよね」といった男性からの「Ｎｏ」を言われた時のベストなリアクションを知っていますか？

これを知っておくと、今回は「Ｎｏ」と言うしかなかった男性でも、次回はきっとあなたのリクエストに応えようと頑張ってくれるようになります。

具体的には、「そっか〜。わかった〜」「メチャクチャ残念。でも了解〜」「悲し〜。でもオッケーした〜」というリアクションです。

ポイントは、言葉のニュアンスはユルく、あっさり引き下がる態度を見せる、ということ。この**「ユルい言葉で、あっさり撤退する」という部分がとても大切です。**本当は「どうしてもダメなの?」「そっちを断れないの?」「私のこと、好きじゃないの?」と詰め寄りたくなったとしても、「ユルい言葉で、あっさり撤退する」のが鉄則。

そうすることで、男性はあなたから責められないことに感謝しつつ、「今度こそ、この子のお願いを叶えなきゃ」と、男性は次回からのあなたのリクエストに応えようと頑張ってくれるようになるのです。

自分の気持ちも伝えつつ、あっさり撤退することができるような、〝男性を待ってあげられる余裕のある女性〟のところへ男性は必ず戻ってきます。これがポイントです。

彼への小さな優しさは、
自分自身を幸せにすることにつながる

恋愛で受けたダメージは、3つの方法で乗り越えられる

恋愛でつまずいたり、心が折れたり、凹《へこ》んだりしたダメージから立ち直るためには、僕は3つのことが必要だと思っています。

ひとつは**「時間」**です。「二度と立ち直れないかもしれない」という痛さや、「これから私、どうなっちゃうんだろう」という苦さも全部、薄めてくれるのが時間です。だから無理して忘れようとしたり、無理に立ち直ろうと頑張らなくても大丈夫。すぐに楽になりたい気持ちもわかるけれど、ゆっくりゆっくり時間をかけていけば、必ず再び立ち上がれる日がくると信じています。

「心と頭で理解する」のも大事なこと。

恋愛で傷ついたという事実に向き合って、「そうだね。大変だったよね。頑張ったね」

と自分の心と頭でしっかりと認めてあげると、次の一歩を踏み出しやすくなります。

心と頭がダメージを理解できるようになると、過去の経験をポジティブな出来事としてとらえることができるようになります。「彼にはフラれてしまったけれど、あれは私のために必要な経験だったんだ」「あんなに好きになれたことには感謝」というように思えるようになったら、あなたは確実に成長したことになります。


それでもまだ辛い時にぜひ試してほしいのが、「体を癒す」ということです。

あなたが現実に体験して、ダメージを刻まれたのはあなたの体だから。心や頭を納得させても辛さや苦しさが抜けない理由は、体がかたく閉じてしまっているからです。

そんな時は、自分の体を愛《め》でることからはじめましょう。体をすみずみまで丁寧に自分でさすってみるのもいいし、家族や友人に優しくなでてもらったり、ハグしてもらうだけでも体が楽になります。もちろんマッサージやエステに行ってもOK。

体からの声を聴いてあげるようにすると、体は癒されていきます。

「心」だけでなく、

「体」をケアするのも、効果絶大♪

理由のわからない不安にとりつかれた時は？

好きな人ができた時、お付き合いがはじまった時、彼と結婚したいと思った時、幸せな気持ちに包まれる反面、不安な気持ちにもなりませんか？

そんなあなたに、僕が考える「不安の対処法」をお伝えしようと思います。

そもそも不安は、まだそれが起こっていない時にだけ感じるものです。「彼氏が浮気をしたらどうしよう」「このまま結婚できなかったらどうしよう」というように、**現実に起こっていることかどうか不確定なことに対して「どうしよう」と思うことが不安の仕組み**です。

だから、あれこれ想像するのをやめない限り、不安が消えることはありません。

「えっ、じゃあ私はずっと不安なままでいなきゃならないの？」と、さらに不安に思うかもしれませんよね。そういう時は、こんなふうに考えてみてはいかがでしょう。

人が不安になるタイミングは、その人が成長して次のステージに上がる時です。

たとえば、気になっている男性からなかなか連絡がなくて不安になっている場合、その不安を手放せた時に次の新しい「お付き合いする」というステージに上がることができます。お付き合いしている男性との将来を考えて不安になっている場合、その不安を手放せた時に次の新しい「結婚する」というステージに上がることができます。

そう、次のステージに上がるためには不安は不要で、次のステージに上がると、また新しい不安が襲ってくるのも当たり前のことなのです。

だから、いろいろな不安がなくなることはありません。**不安があるのは、もうすぐ次のステージに上がれるサイン**だと思っていてください。

まずは、自分のなかの不安な気持ちを認めて、赤ちゃんをあやすように慈《いつく》しんであげてください。不安を抱えた自分を丸ごと優しい気持ちで抱きしめてあげましょう。

すると、心が落ち着き、抱えている不安を手放しやすくなるはずです。

不安になる時は、レベルアップの合図。
不安を手放した先に新しいステージがある♡

Part 4

こんなに簡単！
終わらない恋のはじめ方

「この子、こんなに可愛かったっけ？」と男性が思う瞬間とは？

「この子、こんなに可愛かったっけ？」と思う瞬間があります。前から知っているし、女性として意識したことなどないはずなのに、なぜかドキッとしてしまうような……。

男性が女性の魅力に惹かれるシーンはたくさんありますが、とくに目を惹かれるのが**「揺れ」です**。**揺れを感じた時**なのです。


反対に、せっかくの美人に生まれついていても、**男性にはあまり魅力的に見えないのが「固まっている女性」**です。

たとえば、誰かに「いつもパンツをはいているけど、きっとスカートも似合うと思うよ」と言われ、「無理無理、絶対無理！」と頑《かたく》なな対応をしてしまう人。

「荷物、重そうだから持ってあげよっか？」と親切で申し出てくれた相手に、「いえ、全然。大丈夫ですっ！」と本当は辛いのにキッパリと断ってしまう人。

――それが、固まっている女性です。

要するにギャップのことです。固まっている女性はギャップがなく、面白くないのです。人はギャップ「揺れ幅」に惹かれます。自分とはこういう女性だ！ と頑なに固定していませんか？

あなたにはまだまだたくさんの「認めていない」自分がいて、それが魅力になります。

この子こんなに可愛かったっけ？ という瞬間は、あなたが自分で「認めていなかった自分の姿」を認めた時なんです。それは、着たこともないような質のいい揺れるワンピースを着た時、逆に見せたこともないようなだらしない姿を見せた時ｅｔｃ……自分にとって「ありえない姿」を彼に見せる時!!

「いつもの私」を脱ぎ捨てて、勇気を出して言動を変えてみませんか？

あなたの魅力は単色ではなく、ミラーボールのように多面的なのです。

知らなかった、認めていなかった自分。
それを教えてくれるのが恋愛♡

お礼のLINEは日付が変わる前に送る

「ふたりで出かけた後、どのタイミングでLINEを送ったらいいですか？」と聞かれることがあります。

僕のアドバイスは、**「お礼のLINEはその日中に送るのがベスト！」**です。

会っていない時にもあなたのことを思い出してもらうためには、彼の日常生活や頭のなかにあなたが自然に入り込むことが大事です。

そのためには、ふたりでお出かけした後、楽しかった印象が消えてしまわないうちに、あなたの顔写真のアイコンでさらっとLINEを送っておくことがポイント。

その日の晩も翌日の朝も、LINEの画面を開いた時にあなたの笑顔と可愛いメッセージがあることで、「そういえば、昨日は楽しかったな」と思い出しやすくなります。

ふたりでお出かけした後の帰りの電車のなかや帰宅後の寝る前に、「今日はありがとう♪」「さっきはありがとう。家に着いたよ〜♪」のような軽く読めるメッセージを送ってみてください。

おすすめできないのは、何日も時間がたってから「先日は、ありがとうございました」「この前は楽しかったです」といったようなLINEを送ること。

時間がたつ間に、あなたからのメッセージを読んでも「先日って、いつだっけ？」「この前って、何のこと？」などと、時間がたってしまったことで記憶がボンヤリしてしまって、男性にあなたからの興味が伝わりにくくなってしまいます。

お礼のLINEは、早ければ早いほどいい！です。駆け引きはいったん脇に置いて、あなたの素直な「ありがとう」を「次はいつ会えるんだろう？」というドキドキを、LINEに乗せて送ってみませんか？

ありがとうの熱が冷めないうちに、
あなたの存在を彼の日常にインプットしよう♪

「また会いたい」と思われるＬＩＮＥのポイント

受け取った男性が、あなたに対して「この子可愛い」と感じるＬＩＮＥには次のような特徴があります。

ポイント１　長く書きすぎない

画面に文字がびっしり詰まったＬＩＮＥは、読む前に「えーっ」と引き気味になりませんか？　男性も同じで、どんなに気になっている女性からのＬＩＮＥでも、長すぎる文章が並んでいるだけで「これはちょっと……」と重く感じてしまいます。

もらった時にパパッと読めるくらいの「短さ」と、スタンプ１個で返せるような「軽さ」を心がけましょう。

ポイント２　感情表現は絵文字か顔文字で

男性が女性からの「重いＬＩＮＥ」が苦手なのは、「今すぐ、きちんとしたことを返信しなければ」というプレッシャーを感じるからです。

感情表現たっぷりのＬＩＮＥを送ったのに、相手にスルーされるケースも、もしかするとそこが原因かもしれません。

感情表現は、絵文字か顔文字を使ってみてください。「今日はありがとう～♡」「本当においしかった、ごちそうさまでした(^^)」など「好きと言い切らずに」、「うれしい、楽しかったと言い切らずに」、彼に想像させること。

ポイント3　究極は「♡」のみ
男性から「今日は楽しかった！　また遊ぼうね」といった〝脈ありサイン〟のＬＩＮＥが送られてきた場合、メッセージで返信するのもいいけれど、**たったひとつ「♡」を送るだけですませるパターンもアリ。**それを見た男性は「どういう意味？」「Ｙｅｓなの？」などと、あなたのことが気になりはじめるでしょう。

ＬＩＮＥはやり取りの「回数が命」。

すべてを伝えないのが、男性からの「また会いたい」を誘う秘訣

気になる相手とのデートはいつも「丸腰」で♪

好きな人の前でも「自分らしくいられたらいいな」と思いませんか？　なぜかいつも余計な緊張をしたり、自分をもっとよく見せようとして張り切ったりして、グッタリ疲れてしまう人に伝えたいちょっとしたコツがあります。

それは、**「相手の男性と会う前に、デートの中身を決めない」**というものです。

こうなった時どうしよう？　こう言われたらなんて言おう？　緊張しすぎて話せなかったらどうしよう？　嫌われたらどうしよう？　ｅｔｃ……と「まだ起こっていないこと」にどうしよう？　と考えれば考えるほど、デートは「つまらないもの」になります。それは、デートではなく自分の不安を見ているだけです。

デートの場所や、会う時間などが決まったなら、もうそれだけでいきましょう！　うまくしゃべれなかったらどうしよう？　うん、そう思っていて大丈夫。ただ丸腰で行こう。ノープランで行こう。それが「自分らしい」ということ。

どれだけ不安材料の対策を準備していても、恋愛は「普段のあなた」しか出せません。そしてそれでいいんです！　あなたには、あなただけにしかない素敵なところがたくさんあります。その素敵なところをしっかり見てもらえて、「素敵だね」と認めてくれる相手と対等にお付き合いしたほうが、ずっとハッピーだと思いませんか？

そのためには、**気になる男性と会う前は「どんな結果になるかわからないけど、緊張しても、失敗しても、そのままで行こう」くらいのスタンスでいてください。**

そして実際に会ってからも、「いつもの自分」を意識してみてください。

いつも足を組んでおしゃべりするのが自然な人は足を組んでもいいし、いつもその日に起きた出来事を話すと楽しくなる人は彼の前でもおしゃべりをしていいのです。

大切なのは、あなたらしい時間をすごせること。緊張することは悪いことですか？　うまくしゃべれないのはダメなことですか？　あなたが「あなた」でいることは、本当に恋愛がうまくいかないない理由ですか？

「私」がどんな人であれ、運命の男性はあなたを見つける

「気がきく女性」より「気にしてあげたくなる女性」が愛される理由

社会で働いていると、「気がきくね」は、ほめ言葉です、ところが恋愛では、気がきく女性が〝男性ウケ〟するとは限りません。**多くの男性は気がきく女性より自分が気にしてあげたくなる女性のほうを圧倒的に好き**なのです。

男性の感覚はこうです。

居酒屋でお刺身が出てきた時、テーブルの醤油《しょうゆ》をさりげなく取ってくれた子より、「お醤油、取って♪」と頼まれ、自分が醤油を取ってあげた子のほうが気になる。

料理を小皿に美しく取り分けてくれる子より、「エビチリ、食べたいな♪」と言われ、取り分けてあげた子のほうが印象に残る。

男性は自分がしてもらったことより、自分がしたことを圧倒的に覚えているし、自分をほめてくれた女性より、自分が可愛いねとほめた女性を覚えています。

男性のこの感覚がわかったら、今日からはもう「気がきく人にならなきゃ」と思って、あれこれ男性の世話を焼く必要は一切ありませんよね？

さりげなく醤油を取ってあげることや料理を取り分けてあげるのが悪いのでも、うまくいかない理由でもありません、それがうれしい男性もたくさんいます。ただそれであなたの恋愛がうまくいかないのなら「その気遣い」、逆効果ではないですか？「あなた」にとって。

そして、「そういう女の子っぽいキャラをつくることに抵抗がある」という人や、「男性にあれこれやってもらうことに慣れていなくて……」という人は、**まずはお願いするよりも男性からの愛情を受け取ることからはじめてみませんか？**

たとえば、気を回してお醤油を取ってくれた男性には「わーい、ありがとう♪」、エビチリを取り分けてくれた男性には「わ、うれしいな♪」というように、お礼の言葉に「♪（るん）」という気持ちを乗せて口に出してみましょう。

> 甘えるって受け取るということ！
> 男性の優しさを受け取ってはじまる恋愛が、そこにはある

愛される女性が大切にしているのは「愛されたい」より「愛してる」

あなたが「また会いたい」と思ってもらう女性になるために、特別な努力は必要ありません。あなたは、あなたらしくいるだけで十分、魅力的だからです。

ただそれは「いい女」になるより、めちゃくちゃ大変なので早めに取り組んでね。

今あるあなたのなかに眠っている魅力を発揮させてあげると、あなたはもっと愛されるようになります。何よりも、もっと自分自身のことが大好きになります。ワクワクすると同時に、ドキドキしませんか？（＞＜）

そして方法は、じつはとても簡単です。**感じることを表現するだけでいい**のです。

「感じる」とは「愛する」こととても似ています。「感じる」ということを、そのまま表現するのが大切で、それにはまず自分が「何を感じているか？」を自分で知ることが大事なんです。感じるとは自分が「何を愛しているか？」を知るということです。

そして、自分が何を感じているかを知る最初のステップは、**自分の内側から湧き出る感情に蓋《ふた》をしないこと**です。

本書を手にとってくれているあなたは、「うれしい」「楽しい」「気持ちいい」という感情よりも、「悲しい」「さびしい」「むなしい」というネガティブな感情に蓋をしているかもしれません。ただ、ポジティブな自分でもネガティブな自分でも大丈夫、要は**自分の感情に素直になることがまず大事**です。

たとえば、「あー疲れたな」と感じたら、「もう少し頑張ろう！」ではなく、「そうだね、疲れたね～」と自分に言ってあげて、実際に休んでみる。「なんだか、さびしいな」と感じたら、「もっとポジティブに考えないと！」ではなく、「そうだね、さびしいね」と自分を認め、「あ～あ、さびしいな～」と思いっきりさびしさに浸《ひた》ってみる。

感じることを素直に表現してあげること（とりあえず出してあげること）が自分のなかの「女性性」と「男性性」の仲直りのはじまり、それが自分との仲直りなのです。

自分で自分を幸せにしたら＆表現したら
「愛してる」という表現の本当の意味がわかる

ふたりで一緒にいるより、離れている時に男性の愛は深まる

結論からお伝えすると、**男性は好きな女性と一緒にいない時でも、その女性からの愛を感じているので大丈夫。というより、男性の愛は「送らなかったらなくなる」のではなく「送りすぎるからなくなります」**。

まー簡単に言うと、不安にならなくてもいいよ、ということです。

まだお互いのことをよく知らないうちは、会っていないと印象が薄くなることもあるけれど、一度好きになってしまった女性の愛は会っていない時でも感じることができるようになります。というか、会ってない時に「湧く」ってイメージだと思っておいてください。彼からあふれたものが「あなたへの愛」です。

「私と会っていない時、彼は何をしているのだろう?」「LINEが既読スルーになるのは、もう好きじゃないから?」などと、本当に悩む必要もありません。

あなたが不安に思うことの答えは、あなたのなかですでに答えは必ず出ています。

同じ質問を、自分自身に問いかけてみてください。

大切なのは、**ひとりの時間をどうすごすか？** ということです。

「彼と会っていない時、私はとくに何もしていない」という人は、これからひとりの時間のすごし方を見直すチャンスです。

Ｐａｒｔ２でも触れましたが、ひとりでいるのは、時間とエネルギー、そしてお金もすべて自分自身のために使える貴重な時間。好きな場所へ行って、好きなことをして、好きなものを食べる。そうやって、とにかく自分のことを幸せにしてあげましょう。

彼と会っていない時の時間を楽しくすごし、自分のために生きているということがあなた自身の人生にはとても大事だし、そうやって楽しそうにすごしているあなたの素敵なところに「運命の彼」は必ず現れます。

恋愛は「ひとりの時間」が鬼のように大事です。ただし、結ばれたり結婚したら、「ふたりの時間」が最も大切になります。焦らなくて大丈夫！

ひとりでもハッピーでいられる人は、
ふたりならもっと幸せになれる人

イベントやパーティは、自分を知るレッスンの場

イベントやパーティといった複数の男女が集まる場所が得意な人って少ない気がします。筆者自身も鬼のように苦手です(笑)。大勢いるなかで自分を主張するのも、頑張って恋人候補を見つけなくちゃいけないと思うのもプレッシャーが大きすぎて苦手。だからもう、最初からあきらめています(笑)。個人的にふたりきりのほうが好きです。だから大勢の前で自分らしくいられないことは、あなたがダメなのではなくて、自分へのプレッシャーでダメにしている可能性が高いです。

イベントやパーティを楽しむコツは、**「その場で〝たったひとりの運命の人〟を見つけようとしなくてOK」**という、ゆる〜い考え方です。というか、自分が完璧に振舞ったら恋愛はうまくいくと思い込んでいませんか？　全然、違います。

たったひとりの運命の人を無理やり見つけようと焦らなくてもよくないですか？　運命の相手は見つけるというより、出会って「しまう」です。

では、イベントやパーティはどんな自分で行けばいいのでしょうか?

覚えておいてほしいのですが、イベントや合コンなど、人は慣れていないところに行くと自分のことを「考える」んです。どんな格好していこう? メイクはどうしよう? と不安にもなります。

筆者自身、とあるパーティに招待されたところ「なんて自分はダサいんだ」といたたまれなくなった経験があります、ただ、そこからどんな場所でも自分が「恥ずかしい」と思わないような自分でいよう! と決めたのです。思われないではなく、自分が「思わない」です! それが自分の自信になりました。

イベントやパーティは、あなたの「トラウマ」がわんさか出る場所です。そこで自分や相手を責めるだけで終わってしまってはもったいない。**あなたが感じて考えることに間違いなんてないんです、ただ、自分が「納得する」自分を知りましょう。**

あなたは「そこ」でどうやったら笑えますか?(^^)

慣れない場所は「私」の気持ちを知るための場所。

あなたはもっと可愛くなれる♪

失いかけた自信を取り戻す、とっておきの方法

婚活系のイベントやパーティでカップルになれなかった時、そのなかに気になる男性はいなかったとしても、「選ばれなかった」という事実に、地味にダメージを受けることってありませんか？　自信をなくして落ち込むこともあるかもしれません。筆者自身、婚活パーティに行ったことはないですが、そういう場面は経験があります。

もしも、そんなふうに自分に自信をなくすようなことがあったら、失いかけた自信を取り戻すとっておきの方法があります。

それは、**「体験を増やすこと」**です。

人が自信をなくす時って、「経験が足りていない時」だと思うのです。要するに「知らない時」です。成功も失敗も、経験が足りないから、どうしたらいいのかよくわからなくなって自信をなくすのではないでしょうか。

たとえば、「どこのお店のパンがおいしいの？」と聞かれた時、「駅前のお店より、国道沿いのお店のほうがおいしいよ」と自信を持って答えられるのは、「両方のお店のパンを食べ比べた」という経験があったから。

そしてね、誰よりも経験が多いのは、「私のこと」ではないですか？（＾＾）そんな捨ててきた自分の経験に向き合う時に自分なりの答えを自信を持って出せるようになっていきます。そして、その「うまくいかなかったこと（体験）」ほど、「そんな自分でよかった」と肯定して生きることが必要です。

恋愛にだって同じことが言えます。うまくいった恋もあれば、失敗だらけの恋もあるでしょう？

だから、**もしも恋愛で自信をなくすようなことがあっても、大丈夫。「私」の経験を増やしていくことには意味があります！ 自然と前に進んでいて、あなたは常に進化しているのです。あなたの、その失敗、絶対、絶対、無駄じゃない!!**

あなたの感じたことは「甘い経験」も「苦い経験」も、すべてあなたの自信をつくってくれる

「失恋のせいで」「この親のせいで」を変える魔法

今よりずっと前、恋愛もお金も、なかなか自分の思いどおりにはならず、苦しい時期をすごしていた時期がありました。

そんな時間をすごした後、僕は自分の幸せは自分で決めることにしました。

それはね、**「過去も今も幸せだった。そして未来も含め、全部が幸せなんだ！」と決めた**のです。そう思えているとか思えてないとかそういう話ではなく、そうだと「決めた」。すると不思議なことに、今や過去の「不幸」が単に「なぜ？」ではなく「幸せになるためになぜ起こったのか？」と考えられるようになったのです。

具体的には、自分の人生をオセロのように白と黒の石を使って並べていくイメージ。すべての人は、白い石を置いて人生がスタートしてます。その後、苦しいことや辛いことがあって黒い石を置くこともある。でも、やがてふたたびハッピーなことがあって白い石を置けば、その瞬間に過去に置いた黒い石も白く変わる、ということです。

そう思うコツ、というか真髄は、**「生まれたとき白だったか？」と「今、幸せかどうか？」**ということ。生まれたときに白だったことはあなたがどう思っていようが、間違いないので、とくに大事なのは、「今、幸せかどうか？」です。それはあなたが決めていいんです！「私は今、幸せかどうか？」、幸せを「やるか？」「やらないか？」を決めていいんです。

どうしても生まれたときに白だったと思えない人は、両親に「産んでくれてありがとう」と言ってみてください。誰のため？ あなたのためです。両親は選べない？ ノンノンノン。全部「あなたが選んだ」でいいやん？ あなたが選んだ、そこから自由が始まるのです。

恋愛でもなんでもそこがスタート、。あなたが生まれることを選んでないのなら、生まれることを祝福されてないのなら、あなたはきっと生まれていない。

恋愛とは「どう生きるか？」です。

自分の幸せは自分で決める。幸せは、「なる」ものではなく「やる」もの。
今、今、今、笑おう！ やってみよう、すると、人生が変わる

別れ際に印象を残す大人の女性のモテしぐさ

ふたりで会った別れ際、胸のそばで小さく「バイバイ」って手を振るしぐさ、ありますよね？　あれを女性にやられると、ほとんどの男性は「可愛いな」と思うって知っていましたか？

ちょっと恥ずかしそうに、ふわふわゆるゆると小さく手を振ってくれるのを見ると、「また会いたいな」という気持ちになります。

ポイントは、**手を振るときは「小さくまとめる」**という部分です。左右に手を振った時、大きくても体の幅に収まるくらいのサイズ感でコンパクトにまとめると、可愛さが引き立ちます。

反対に手の振りを大きくすると、〝友達感〟が伝わってしまうので要注意。

ディズニーランドでは、ミッキーやミニーがパレードを遠くのお客さんにも見えるよう、「バイバーイッ！」って大きく手を振るでしょう？ それと同じように私たちも、大きく手を振ると、ミッキーやミニーと同じように〝友達感〟や〝仲間感〟が出てしまうのです。

「可愛いな」「また会いたいな」などと、**異性としてドキドキした気持ちになるのに必要なのは友達感や仲間感より〝彼女感〟**です。手を振る時は小さめを心がけましょう。

グループで会っている時にも活用できます。「まだふたりきりでは会っていないけれど、自分の存在やそれとなく好意を感じていることは伝えたい」と思っている場合は、**解散する時がチャンス**です。

帰りの方面が分かれる時や、線路を挟んで別々のホームで待っていてどちらかに電車が到着した時など、お別れのタイミングで相手の目をしっかり見ながら小さくバイバイをしてみてください。

アクションは小さくても、あなたの想いはしっかりと彼の心に届くはずです。

小さな「バイバイ」は
「可愛い」の濃度を高める魔法のしぐさ

男性へのプレゼントで悩まなくてもいい

気になる人や好きな人ができた時、「何かプレゼントをあげたいな」と思う女性は多いようです。それはきっと、女性はプレゼントをもらうとうれしいからですよね？アクセサリーやバッグ、靴や洋服など、女性はプレゼントをもらうのが大好きだからこそ、好きな男性にも贈り物をしたくなるのだろうな、と思います。

男性の場合もプレゼントをもらってうれしいことに変わりはありません。ただし、女性ほどの感激はないかもしれません。

極端な話、女性はセンスのいいプレゼントをもらうと「この人、いいかも♡」と思うことがあるかもしれませんが、**男性は女性からプレゼントをもらっても「この子のこと、好きになっちゃうかも」とはほとんど思わない**ということです。

だから、「男性がもらってうれしいプレゼントは？」などと質問されても答えにくい……というのが本音。「あげたいと思ったものをあげたらいいんじゃない？」と、ふわっとしたアドバイスになってしまうのです。

では、男性が女性にされて喜ぶのはどんなことでしょうか？

それは、「受け取ってもらうこと」です。**何かをもらうことではなく、男性がすることや言ってくることを受け取ることが、男性にとって何よりもうれしいこと**なのです。

プレゼントをあげることより、もらったプレゼントや行動をしっかり喜んであげることのほうが、はるかに大事。「わー、ありがとう♪」と笑顔を見せてあげるだけで、自分がプレゼントをもらうよりずっとうれしくなるのが男性の心理なのです。

だから、女性は男性にプレゼントをあげなくちゃと悩まなくてもいいし、何か特別なことをしようと頑張りすぎなくても大丈夫。「彼が今してくれていることを受け取ってあげること」と笑顔を見せているだけで、彼をものすごくハッピーな気持ちにさせることができるのです。

贈ってもらってうれしいのは、プレゼントより「笑顔」と「今の彼へのありがとう」

「男性へのまなざし」で未来は変えられる

年齢を重ね、経験値が上がっていくと、どうしても男性を見る目が厳しくなっていきます。

「顔も好みだし背も高いのだけれど、会社での仕事ぶりがイマイチなんだよね」

「すごくいい人なのだけれど、お給料が安そうなのが結婚相手としてはどうかと……」

「あそこがダメ」「ここがイマイチ」

などと〝マイナス採点〟で男性のことを見ていると、合格点に達する男性がひとりもいないように思えてきてしまいます。ついには、「どうせいい人なんて残っていないんだわ」と、むなしくなってしまうでしょう。

そうなる前におすすめしたいのが、周りが素敵な男性でいっぱいに見えるコツです。

たとえば、まだ好きでも嫌いでもない男性のことを「意外と素敵かも♡」という気持ちで見つめてみてください。同僚の男性のことを「カッコいいな♡」と思って見つめてみてください。そうやって見つめることを繰り返すことによって、不思議とそのとおりに男性が変わっていくようになります。

つまり、**「素敵かも♡」と思って見つめた男性は素敵な男性に、「カッコいいな♡」と思って見つめた男性はカッコいい男性に変化していく**のです。

それは簡単に言うと、彼が変わったというより、あなたの「見方が変わった」ということ。素敵かも、と見方を変えると脳はどんどん相手の「素敵なところ」を探すようにできています。してくれない、こうしない、など、「ない、ない」にフォーカスするのではなく、彼の素敵なところを探してみましょう。

「素敵だな♡」「カッコいいな♡」と周りの男性を見つめていると、やがてあなたの周りは本当に魅力的な人でいっぱいになっている、というわけです。

周りを魅力的な男性に囲まれたら、毎日がもっと楽しくなると思いませんか？

見方を変えると「味方」が増える。
男を見る目を養うとはそういうこと

思わず抱きしめたくなる女性からの「こんな言葉」

僕が関西でひとり暮らしをしていた頃のことです。

同じ職場で働く女性とは仲良しだったけれど、お互いにそれぞれの友達を「今度、誰か紹介して♪」と言い合えるようなフランクな関係でした。

ある時、それがようやく実現して、彼女と彼女の友達、それから僕の友達と僕で会うことになりました。ところが、約束の日になって、離れて暮らす僕の祖母の具合が悪くなり、僕も祖母のもとに駆けつけなくてはならなくなってしまったのです。

もちろん、祖母の容態もとても気になったけれど、その一方で、みんなのスケジュールをやっと合わせてその日に決まった集まりだったのに、僕の個人的な事情でキャンセルしなくてはならなくなったことを申し訳なく思っていました。

「あんなに楽しみにしていたし幹事として段取りもしていてくれたから、彼女からいろいろと文句を言われても仕方ないな」と怒られる覚悟をしつつドタキャンの連絡をしたところ、予想していたのとは真逆のリアクションが返ってきたのです。

彼女は文句のひとつも言うことなく、僕の祖母のことを心から思いやってくれる温かい言葉を僕にかけてくれました。身内のように心配してくれて、祖母のことを大切な存在として敬ってくれたことが、当時の僕にはとてもうれしかったのです。

その後、祖母のことがひと段落して関西の自宅に戻った時、真っ先にしたことは彼女への告白でした。

あの時の僕の心を動かしたのは、僕が大切にしている人を僕以上に大事に思ってくれる気持ちが伝わってきたからです。だからこそ、確信を持って言えるのは、**今はまだ彼に直接「好き」って言えなくても、彼の大切にしている人や好きなことを同じようにあなたも大事にすると、彼のほうから自然に愛されるようになる、**ってことです。

「彼の大事」を「私の大事」にすると、あなたの気持ちは必ず伝わって、彼からは「愛してる」が返ってくるのです。

彼の大切にしているモノ、ヒト、コトを、
あなたも同じくらい大切に思えたら最高♡

「いくつになっても可愛い女性」がしていること

大人になっても透明感を失わず、可愛い雰囲気を持っている女性って、いますよね。なぜそういう女性たちが可愛いのかを僕なりにリサーチしたところ、彼女たちには「ある共通点」がありました。

いくつになっても可愛い女性は、「私って可愛いな〜♪」と自分自身で感じている回数が人よりも多い、ということです。

そしてそれは、「パッチリ二重が可愛い」といった、なんらかの根拠に基づくことではなく、ただ単に自分の存在を「私って可愛いな〜♪」と感じることが大切だということです。

たとえば、「笑いたいようなことがなくても、笑っていればやがて楽しいことが起こる」と聞いたことがありますか？　先に「笑い」ありきで、意味もなく笑っていると、後から楽しいことが引き寄せられてくる、というイメージです。

それと同じように、**とにかくまず「私って可愛いな～♪」と感じることが大事で、そうやって「可愛いね」「可愛いね」と感じる回数を増やしていくうちに、「可愛い」と感じる感度がどんどん上がって自分が本当に可愛くなる。**

すると、その思いが〝可愛いオーラ〟となって自然と外にあふれはじめ、「あの人って、なぜか可愛いんだよね」という結果につながるのです。

あなたもさっそく、やってみませんか？ ちょうどいい温度のお風呂に首までスッポリ浸《つ》かった時に「あ～、気持ちいい～♪」と、その心地よさに浸りきるようなつもりで、「あ～、私って可愛いな～♪」と感情をオープンにしてみましょう。

それが「可愛いを感じる」ということ。

もちろん容姿的に「美人」な人はたくさんいます。ただ、いくつになっても可愛い女性は「私って可愛いなぁ～」と感じた回数が多いというだけのことなのです。

あなたは……
愛する人の世界でいちばん可愛い女♡

Part 5

彼に必ず「伝わる」可愛い本音の伝え方

可愛くわがままに伝える話し方のルール

「もっとたくさん会いたい」「たまには素敵なお店でごちそうされたい」「誕生日プレゼントに指輪がほしい」……もしも、こんなふうに心のなかで思っている本当の気持ちを、好きな人にぶつけられたらスッキリすると思いませんか？

とはいえ、実際には「そんなわがままを言ったら、彼はきっと困るだろうな」「本音を伝えたら、わがますぎて彼に嫌われてしまうかも」などと先回りして気を遣い、たくさんのガマンを重ねているのではないでしょうか。

でも、もう大丈夫。あなたが「こうしたい！」と思っていることを伝えても、決して相手にとって「わがまま」には聞こえない話し方をご紹介します。

ポイントはふたつ。**「言い切る」**と**「語尾に『♪（るん）』をつける」**ということです。

たとえば、「週末だけじゃなくて、ときどきは平日の夜も会いたいな♪」「今度、行ってみたいお店があるからつれてって♪」「誕生日のプレゼントは指輪がいい♪」といったイメージです。「♪（るん）」という気持ちを言葉に乗せて言いましょう。書きましょう。

誰でも自分の素直な気持ちを出せたら幸せですよね？ そのワクワクした気持ちをそのまま「♪」に託して伝えるだけ。後は、そのリクエストをわかりやすく言い切れば、男性には間違いなく「可愛いわがまま」に聞こえます。

「可愛いわがまま」は、多くの男性の原動力。

しかも男性の場合、前にお話ししたように、**「自分が何かをしてあげた人」を好きになっていく**という性質があります。

プレゼントをくれた女性より、プレゼントを買ってあげた女性に対しての愛情は深まり、豪華な食事をおごってくれた女性より、なかなか予約の取れないレストランに連れて行ってあげた女性のほうが愛を感じるようにできているのです。

あなたの心からの「うれしい」を
「わがままな女」とは思わない

彼に上手に願いごとをするための「♪（るん）」の使い方

気になる人や好きな人の前に出ると、急にドキドキして「いつもの自分」ではいられなくなる、という人は多いと思います。とくにお願いごとをするときには、緊張して自分らしく振舞えないのではないでしょうか。

でも、緊張したままでも自分らしく振舞えるようになる方法はあります。それが、先ほどお伝えした、「言い切った後に『♪（るん）』という気持ちを乗せる」という方法です。

ところが、これには落とし穴があります。というのも、普段からやっていないと、いざ気になる人や好きな人にだけ試そうと思っても、なかなかできないのです。「こんな言い方したら、嫌われないかな？」と思って、言い切ることができないケースが多いのです。

そうならないために、さっそく今日から「言い切った後に『♪（るん）』という気

持ちを乗せる」ということを練習しましょう。言い切ることに慣れていない人は、次の要領で変換しつつ、実際に口に出してみましょう。

「今夜はカレーでいい？」→「今夜はカレーにするね♪」
「クリーニング出しておいてもらっていい？」→「クリーニング出しておいて〜♪」
「来週のシフト、先に入れても大丈夫？」→「来週のシフト、先に入れておくね♪」

というように、「言い切った後に『♪（るん）』という気持ちを乗せる」に慣れると、とくに図々しさも感じなければ、上から目線で言っている感じにも聞こえません。

練習の相手は、身近にいる友達や家族、会社の同僚や後輩など誰でも構いません。

大切なのは、あなたが罪悪感なく「言い切った後に『♪（るん）』という気持ちを乗せる」を使いこなせるようになること。それが、あなたが主導権を握って恋愛を楽しむためのコツです。

そしてこれは「慣れ」がすべてです！　積極的にやっていきましょう。

> 「♪（るん）」を使うことに慣れると、
> 彼との関係がドラマチックに変わる

ネガティブな感情を、きちんと伝えられる女性は最強

「さびしい」とか「悲しい」といったネガティブな感情は誰にでもあります。問題は、好きな人にそれをどうやって伝えたらいいか、ということです。

たとえば、彼となかなか会えない時に、もっと会っていたくてさびしくなったり、次にいつ会えるかわからなくて悲しくなったりするとします。だからといって、「なんでもっと会えないの？」「どうして連絡してくれないの？」と男性に伝えた場合、間違いなく気まずい雰囲気になるでしょう。

なぜなら、男性は「責められた」と感じ、「ごめん……」あるいは「……」としか返事のしようがなくなってしまうからです。

大事なのは、あなたの感じたさびしさや悲しさをきちんと伝えるだけでいい、ということ。だとしたら、もっといい伝え方があります。

「ネガティブな言葉は、主語を『私は』に変える」、という方法です。

主語を「私は」にすると、「なかなか会えなくて、(私は)さびしいな」「連絡がないと、(私は)悲しくなっちゃうよ」となります。「なんでもっと会えないの？」「どうして連絡してくれないの？」という言い方と比べると、ソフトな印象に聞こえませんか？

男性も同じようにとらえ、「可愛いことを素直に言ってくれるいい子だな」「かわいそうなこと、しちゃったな。この埋め合わせは必ずしなきゃ」とフォローしようと頑張ってくれるようになります。

ネガティブな感情は、相手に「ぶつける」というよりは、ひとり言のように「さらす」ことで、トゲトゲした感じにならずに伝えることができます。

信頼し合えるカップルは、ポジティブな感情だけでなく、ネガティブな感情もすべて伝え合うことができます。何か問題があればふたりで力を合わせて解決していくことができるような関係を築いているのです。

「私はさびしかった」「私は悲しかった」を素直に伝えると絆《きずな》は深まる

「No」を言える女性のほうがじつは愛される

好きな人から無理なお願いや気乗りのしない提案をされた時、あなたはちゃんと「No」を言えますか?

内心では「え〜」と拒否したい気持ちなのに、彼にイヤな顔をされるのが怖くて、つい「Yes」と言ってしまうこと、ありませんか?

本音では「No」なのに、「Yes」と言ってしまうのは、きっと彼に嫌われたくないからですよね?

でも、もしもそうならもう大丈夫。なぜって、**多くの男性は「No」をきちんと言える女性のほうがずっと好きだから**です。

本音を隠して、ガマンして「Yes」しか言わない女性を男性は息苦しく感じます。

本当はイヤなのに「彼のために……」と断れない人。本当は気が進まないのに「彼に悪いから……」と拒めない人。そういった「本当は『No』なのに〜」という態度は、本人が隠したつもりでも必ず漏れてしまうので、相手には本音が伝わってしまいます。

それは、男性への無言のプレッシャーにもなります。「今回は私がガマンしたのだから、次はあなたがガマンする番だからね？」という具合に。

男性はそうやって追い詰められた気がするので、だんだんその女性とお付き合いしていることを息苦しく感じるようになるのです。

だから、長い目で見ると、きちんと「No」を言える女性のほうが、付き合っていて楽だし、信頼できるし、何よりも愛されるのです。


もしも今のあなたが、彼からの提案にいつも反射的に「Yes」と言ってしまうなら、もしかしたら「No」と言うハードルを上げているのはあなた自身かもしれません。

イヤイヤ「Yes」と言うクセをやめるだけでも、ふたりは今よりもっと信頼関係で結ばれたいい関係になりますよ。


「No」を言えるようになってからが、本当のお付き合いのはじまり♪

彼へのアドバイスは、イラない！

「どうやら彼が悩みを抱えている様子。私が彼にしてあげられることってありますか？」といった相談を受けることがあります。悩んでいる彼に対するベストな接し方を知りたい、というものです。

もちろん、彼がどんなことに悩み、どんな状況なのかにもよりますが、基本的には**「聞かれてもいないのにアドバイスはしないほうがいい」**と僕は思っています。

なぜなら、見当違いのアドバイスほど本人にとって迷惑なものはないからです。

だから、「彼のために！」「彼を支えたい！」と思ってアドバイスをしようとしている人は、大至急応援の手段を変えてください。

……ちょっと厳しかったですか？（笑）でも、これって本当のこと。余計なアドバイスをしたために、それまで順調だったふたりの関係にヒビが入ることもあるくらい、危険なことなのです。

たとえば、相手から求められてもいないのに「どうしても言わないと気がすまない！」と自分で勝手に盛り上がってしまい、「それって、もっとこうしたほうがいいんじゃない？」というアドバイスをしたとします。

そうやって、あなたが「よかれ」と思ってしたアドバイスでも、「ってことは、やっぱり自分のしたことはダメだったってことなんだな」「もっとほかの方法だったら成功したのかもしれないな」と相手の男性は自信がなくなり、みじめさも味わうことになります。

悩んでいることに気づいても「彼はどうしたらいいか？」ではなく「私はそんな彼に、どうしてあげたいんだろう？」と考えてみてください。

見守るでもいいし、気晴らしに飲みに誘うでもいいし、笑顔を向けよう、でもいい。

これは恋愛関係だけでなく、人間関係全般で大事なスタンスなのです。

彼をどうにかしてあげなくていい、
「あなたが」してあげたいことを考えてみよう！

男性に「伝わる」感情の伝え方！

好きな人の前でわざと泣いたり怒ったりするのはやめたほうがいい、と僕が思うのは、それをやってもあまり意味がないと思うからです。

「わかってほしいから」と相手の気を引くために泣いたり怒ったりするのは、感情を伝えているのではなく「拗《す》ねている」だけ。

怒りやさびしさ、悲しさが「拗ね」で伝わるので「彼女がなんで泣いてるのかサッパリわからない」「あの子が怒っている理由がよくわからない」ということになります。

言いたいことがあるなら、言葉で伝えてほしい。これが男性の本音だと思います。

たとえば、久しぶりに会ったのに別れ際にさびしい……と泣きだす彼女がいたとして、彼女の心のなかは「またしばらく会えなくなるのがさびしい。こんなに好きなのに（涙）」だとします。でも、彼のほうは「さびしい」と言われても、彼女の涙の意図も、自分がどうしたらいいのか？ もまったく伝わっていないのです。

だったら、もっと具体的に自分の気持ちを言葉で伝えたほうが男性には効果的です。

「もうバイバイなんて、さびし〜。またすぐに会いたい♪」

「さびしすぎる〜。でも、今度はドライブデートに連れてって♪」

というように、「感情＋お願い」を言葉で伝えたほうが、「心の動き」も「してほしいこと」も明確に伝わります。

怒っている時も同じです。ただイライラしているだけよりも、「なんかイライラするから、ご飯食べに連れていって♪」「今日はちょっと頭痛がするので、ひとりにさせてね♪」と言ってあげたほうが、男性はすんなり理解できるのです。

「感情＋お願い」を言葉にして伝えるのは、男性へあなたの気持ちを伝える最強の技です。

言わなくても「わかってほしい」は
破滅的に伝わらない

絶対にトラブルを招かないグチや不満の伝え方

「これって、ひどくない？」「今日、最悪なことがあってさ～」と、思わずグチや不満を言いたくなる時があります。時には、好きな人にだってグチや不満をぶつけてしまうこともあるでしょう。

男性に対してグチや不満を言う時に知っておくと便利な3つのルールがあります。

ルール1　「共感は得られない」と心得ておく

男性は、女性の言うグチや不満に対して、どんなスタンスで聞けばいいのかがわかりません。女性の話に共感することが難しいからです。たとえグチや不満に対して「ふーん」「へー」と気のない相づちしか返ってこなくても、それはあなたの話を聞いていないわけではなく、共感する機能が装備されていないから。はじめから男性からの共感は得られないと思って話せば、余計なストレスをためずにすみます。

ルール2 ダラダラと長引かせない

女性の話に共感することができない男性は、話の落としどころがわからないままダラダラとグチや不満を聞き続けるのが苦手です。**男性は、「女性の気持ちをわかってあげること」より「女性を幸せにしてあげること」がしたいもの。**グチや不満は短時間でわーっと話してスッキリしたら、その後は「だから、ごちそうして♪」「とりあえず、ビール飲みたい♪」などとリクエストしてみましょう。

ルール3 「ちょっとだけ話、聞いて♪」と前置きをする

いきなりグチや不満を言っても、男性は黙って聞けばいいのか、アドバイスが必要なのかがわかりません。**男性からの不要なアドバイスを避けるためにも、「ちょっとだけ話を聞いて♪」と前置きしてあげると親切**だし、黙って聞くための心の準備ができるようになります。

グチや不満を上手に伝えることは
長続きの秘訣♪

仲直りのルールは「怒ったほうが謝る」

ふたりの関係が親密になると、ケンカもするようになります。起きたケンカに対しては嘆く必要はありません。「ケンカできるほど仲良くなれたんだ♪」といった感じで、おおらかに構えていいいと思います。

ケンカよりも大切なのは、その後のこと。つまり、「どうやって仲直りをすると、ケンカの前より仲良しになれるか」が課題でしょう。

ポイントは、**「怒りはじめたほうが先に謝る」**ということです。「どうして怒っているのに、謝るの？」と疑問に感じますか？　そこにはこんな理由があります。

怒っている人は、自分なりに怒る理屈があって「自分は絶対に間違っていない」と思い込んでいます。でも、じつはその理屈は自分だけの思い込みであって、相手から見たら勘違いであることも少なくありません。怒ったほうが先に謝ったほうがいいのは、その「思い込み」と「勘違い」のギャップを正すためです。

「さっきはごめんね。あの時私はこう思っていたから、こんなふうに言っちゃったんだ」と先に謝りつつ自分の思い込みを打ち明けると、「そうだったんだ。でも、こういうことなんだから大丈夫だよ」というように、相手は応じてくれるはずです。

お互いの言い分を冷静に聞いて理解することができれば、ケンカはそこでもう終わり。「どっちが悪い？」という話ではなく、「そうだったんだね」というレベルで解決することができるようになります。

こんなふうに、怒りはじめたほうが先に謝ったほうが、ケンカは丸く収まるのです。

ちなみに、**相手が先に怒りはじめた時は、謝ってくるまで「知らんぷり」をしておくのがベター**。相手の思い込みに対応するとケンカは長引くだけなので、心のなかでは「そんなん、知らんがな」と思いつつ、華麗にスルーするのが賢い対処法です。

ケンカをする目的は、
ふたりが〝もっと仲良くなるため〟だよね♡

「愛されていない」と怒る女性、「愛が伝わらないから」と怒る男性

男女の〝怒りのツボ〟を知っていると、ケンカをせずにすむこともあります。

たとえば、**女性が怒る原因は「男性に愛されていないと感じるから」、男性が怒る原因は「女性に愛が伝わっていないから」**ということを知っていますか？

よくあるのが、女性が「悪いからいいよ～」と男性からの申し出に遠慮するパターンです。「近くまで車で送っていこうか？」という男性に対し、「悪いからいいよ～」と遠慮する女性。でも、女性の本音は「それでも送ってくれるならうれしいな♡」だったりします。

にもかかわらず、今度は男性から「そうなの？　別に悪くないけど……」と引き気味なリアクションがあると、「うん、でも悪いから……」と女性が返してしまい、このあたりからふたりの間には気まずい沈黙が流れはじめることになります。

女性は、「遠慮はタテマエなのに。私のことを好きならそのくらい察してよ」と怒りはじめ、男性は「好きな子を車で送るくらい、全然どうってことないのに。もしかして、バカにしてる？」と思って怒るのです。

どうしても遠慮する習慣が抜けない人は、**「悪いよ～」「迷惑じゃない？」「申し訳ないし～」の代わりに「ありがとう～♡」を口グセにしてみましょう。**

「唐揚げ、もう一個食べる？」「今度一緒にボルダリングに行かない？」「週末、空いてる？」など、男性からどんな提案がきても、とりあえず一度は「ありがとう～♡」で返します。男性も「オレの愛が伝わってうれしい」と与えたことに喜びを感じます。

そして、その後じっくり内容をチェックして、やりたくないことであれば「でも、やっぱり今回はやめとくね♪」というように、「No」を言うようにします。

そうやって少しずつ男性から受け取ることに慣れていくたびに、愛される女性に近づいていくでしょう。

「ありがとう～♡」で返す習慣を身につけておくと、何かとお得♪

男性が好きな「わがまま」、苦手な「わがまま」

「わがままを言うと嫌われてしまうのでは？」と不安に思って、彼に本音を伝えることができずにガマンをしているなら、ここで誤解を解いてほしいな、って思います。というのも**多くの男性は、好きな女性のわがままはどんどん叶えてあげたいと思っているから**です。

もちろん、男性にだって「苦手なわがまま」と「好きなわがまま」があります。苦手なわがままは、「なんでもいいよ」「おまかせするね」というわがまま。女性としては遠慮しているつもりなのかもしれないけれど、彼女を幸せにしたくてウズウズしている男性には、テンションを一気に下げるわがままなひと言に聞こえます。

さらに、「なんでもいい」「おまかせ」と言っておきながら、実際に男性が決めると後から「こういうことじゃないんだけれどな……」と言わんばかりに不機嫌になるのは、もはや、わがままを通り越して完全に迷惑行為でしょう（笑）。

男性が好きな女性のわがままは、具体的にいろいろ言ってくれるわがままです。「恵比寿にあるお店のタピオカミルクティーの甘さがちょうどいいんだよね♪」や「中華街だと、あそこのお店がいちばん安くておいしくて好き♪」というように、詳しい情報を伝えてくれたほうが男性はうれしいもの。

女性のわがままを〝達成すべきミッション〟として認識するため、ミッションを完了するたびに喜んでくれる女性の姿を見て、楽しくなるのが男性なのです。

女性は遠慮することなく「これが好き」「これが苦手」「こういうことをしてもらうとうれしい」という情報を男性に伝えてください。それが、男性の好きなわがままです。

自分に嘘をつくことなく生きていると、「これが好き」「これが苦手」をきちんと伝えることができるような〝わがままな女性〟に自然となっていくもの。でもそういうわがままな女性のことを男性は大好きです。

> 自分の好きなことを伝える「わがまま」は、
> 男性にとっては「好きなわがまま」

彼に結婚を意識させる「妄想ゲーム」をしよう

「私には結婚願望があるけれど、彼のほうはまだ〝その気〟がないみたい……」

「結婚を前提にお付き合いをしたいけれど、なかなかそれを伝える勇気がなくて……」

という悩みを抱えている人もいます。


彼に結婚を意識してもらうためのゲームがあるのを知っていますか？

これは過去に僕も何度もやって、いろいろな人と盛り上がったゲームです。ゲームのやり方は簡単。女性から男性に次のことを聞くだけです。

「『結婚』という言葉を使わずにプロポーズするなら、なんて言う？」という質問です。

この質問に対して、男性に答えてもらうというだけのシンプルなゲームですが、相手が結婚についてどう思っているのか、今はどのくらいのレベルで結婚のことを考えているのかがわかって面白いと思います。

「これからもずっと一緒にいてください」「僕の奥さんになってください」という直球系のものや「キミのいない人生なんて考えられないよ！」「世界でいちばん愛しているよ！」といった情熱系のもの、料理人経験のある僕みたいに、「あなたの味噌汁を一生つくらせてください」なんていう、ちょっとわかりにくいものまであって（笑）、聞いているだけで楽しくなります。

　このゲームのいいところは、そうやって**あなたと一緒にプロポーズの言葉をあれこれ考えていると、彼の頭のなかに住んでいるあなたとの結婚を現実にも意識しはじめる**ところです。結婚の意識が薄い男性でさえ、プロポーズの言葉を口にしているうちに「こうやってこの子と結婚することになるのかな？」「この子はどんなプロポーズをされたらうれしいのかな？」と考えるようになります。

　ゲームがきっかけで結婚が決まったら、それはそれでうれしいですよね。結婚した後も思い出に残る楽しいエピソードになるはずです。

疑似プロポーズ体験で、
彼にリアルな結婚のイメージをさせちゃおう♡

プロポーズを待っている
あなたに伝えたいこと

「プロポーズされたい！」「結婚したい！」と思ったら、その思いを彼にそのまま伝えてみるのもいいと思います。

だって、この先何か月か何年か先の見えない時間を悶々《もんもん》としてすごすくらいなら、思っていることを伝えるほうがずっといいと思うから。

彼に「プロポーズされたい」「結婚したい」と言い出せないのは、きっと怖いからですよね？　プロポーズや結婚のことを口に出して「Ｎｏ」と言われた場合、彼とのお付き合いが終わってしまうんじゃないか、って不安に思うのではないでしょうか。

でも、よく考えてください。**あなたにとっていちばん大切なのは「彼と結婚すること」よりも、「あなた自身が幸せになること」**ではありませんか？

いつでもあなたがハッピーな気持ちでいられる人、いつでもあなたがしたいことをさせてくれる人、いつでもあなたが可愛いままでいられる人――一緒にいて、これがすべて叶うのは、本当はあなた自身ですよね。

だとしたら、**今の彼氏にこだわらなくてもあなたは幸せになれる、**ということ。今は「彼しかいない」と思っているかもしれないけれど、あなたが自分で幸せになると決めたら、「あなたが幸せでいられるような、大好きな彼」が現れるようにできているのです。


だから心配しなくても大丈夫。

もしも今の彼に結婚の意思があるかどうかを聞いて、その結果、ふたりの関係が終わってしまうようなことになっても、それはあなたのステージが一段上がった証拠。

その時が訪れると自然と「彼じゃなくても大丈夫」と思えるようになっているはず。

そうやって成長したあなたには、前の彼よりも絶対に素敵な男性と出会えるように約束されています。

幸せになる鍵は、
彼ではなくあなた自身が握っている！

おわりに

最後まで読んでいただきありがとうございます。

今、あなたは何を思いますか？（＞＞）

この本でゆ～すけ自身が伝えたかったことは、自分の本質を「見捨てないこと」です、少しわかりにくいですかね？　最後に少しお付き合いください。

あなたは自分のことを「わがまま」だと思いますか？　ゆ～すけ自身、そう思ったことは一度もなく生きてきました。だからこそ「わがまま」をやってきました。

ただね、それは少し間違っていて、今思えば、それは自分さえよければいいという意味の「我が、我が」でした。

本当のわがままとは「我のまま」という意味です。自分さえよければいい、ではなかったのです……。だから気づくまで少し時間がかかりました。

それを思い出させてくれるのが「思いどおりにならない人」や「恋愛」。ゆ〜すけにとっては、奥さんと息子です（＾＾）ネガティブな意味じゃなくて、自分の「本質」に触れる出会いでした。

自分がどんな人間だと思っていようが、あなたは「わがまま」です（＾＾）（我のまま（＾＾））。

この例のように、恋愛が、人生が「うまくいかない」と悩んでいる時ほど、あなたの本質からズレているということ。

そして、それは運命の男性、恋愛がいつも、いつもね、教えてくれます。

「思いどおり」にならない相手、彼、パートナー……。

これからもたくさんあるでしょう。でも、それはね、あなたの「キャラ変」のチャンスです！

というか、本質の「あなた」に出会うチャンス。

そんなきっかけになるように本書を書きました。
そんなお手伝いに本書がなれれば、本当に、本当にうれしく思います。

あなたは、「あなた」のままで、わがままに（＞＞）
それを気づかせてくれるのもすべて、恋愛。

だから安心して、恋愛してね。

心配しなくても大丈夫！
あなたはきっと「愛されている」。
だから、変わらず人を、彼を「愛していこう」。

あなたが恋愛で幸せになることは、

本書との出会いで「決まっていること」だから。

最後まで読んでくれてありがとう。

「愛する人の世界でいちばん可愛い女へ」

広中裕介

広中裕介 ひろなか ゆうすけ

1980年生まれ。独自の恋愛観に基づいた悩みの核心をつくアドバイスが好評を博し、口コミを中心に支持を受け、2013年恋愛の学校Love.t.Academyを設立。恋愛での考えを通して、自分の生き方を見つめなおせる場として、講座、セミナーを全国で展開。「恋愛の神様」の愛称で呼ばれるほど絶大な支持を受ける。自身の結婚を機にオンラインに力を入れ始め、恋愛や生き方に悩む女性にブログ、SNSを通じてエールを送り続けている。著書に『既読スルーされた数だけ幸せになれる』『大好きな彼に絶対愛される！掟やぶりのLINE術』『「なんでいつもお金があふれているんだろう」と思うだけ！』（以上すべてKADOKAWA）などがある。

「また会いたい」と思われる女性になる魔法のルール
好きな人との距離をさりげなく縮める秘密テク

2019年12月20日　第1版第1刷

著　者　広中裕介

発行者　後藤高志

発行所　株式会社廣済堂出版
〒101-0052
東京都千代田区神田小川町2-3-13 M&Cビル7F
電話03-6703-0964（編集）03-6703-0962（販売）
Fax 03-6703-0963（販売）
振替00180-0-164137
https://www.kosaido-pub.co.jp

印刷・製本　株式会社廣済堂

ブックデザイン　原田恵都子（Harada＋Harada）

編集協力　山口佐知子

本文DTP　株式会社三協美術

ISBN978-4-331-52272-1 C0095